中华精神家园

建筑古鉴

古都遗韵

古都的厚重历史遗韵

肖东发 主编　张学亮 编著

中国出版集团

现代出版社

图书在版编目（CIP）数据

古都遗韵：古都的厚重历史遗韵 / 张学亮编著. — 北京：现代出版社，2014.7（2019.1重印）
ISBN 978-7-5143-2292-7

Ⅰ．①古… Ⅱ．①张… Ⅲ．①都城—介绍—中国—古代 Ⅳ．①K928.5

中国版本图书馆CIP数据核字(2014)第163820号

古都遗韵：古都的厚重历史遗韵

主　　编：肖东发
作　　者：张学亮
责任编辑：王敬一
出版发行：现代出版社
通信地址：北京市定安门外安华里504号
邮政编码：100011
电　　话：010-64267325 64245264（传真）
网　　址：www.1980xd.com
电子邮箱：xiandai@cnpitc.com.cn
印　　刷：三河市华晨印务有限公司
开　　本：710mm×1000mm　1/16
印　　张：9.5
版　　次：2015年4月第1版　2021年3月第4次印刷
书　　号：ISBN 978-7-5143-2292-7
定　　价：29.80元

党的十八大报告指出："文化是民族的血脉，是人民的精神家园。全面建成小康社会，实现中华民族伟大复兴，必须推动社会主义文化大发展大繁荣，兴起社会主义文化建设新高潮，提高国家文化软实力，发挥文化引领风尚、教育人民、服务社会、推动发展的作用。"

我国经过改革开放的历程，推进了民族振兴、国家富强、人民幸福的中国梦，推进了伟大复兴的历史进程。文化是立国之根，实现中国梦也是我国文化实现伟大复兴的过程，并最终体现为文化的发展繁荣。习近平指出，博大精深的中国优秀传统文化是我们在世界文化激荡中站稳脚跟的根基。中华文化源远流长，积淀着中华民族最深层的精神追求，代表着中华民族独特的精神标识，为中华民族生生不息、发展壮大提供了丰厚滋养。我们要认识中华文化的独特创造、价值理念、鲜明特色，增强文化自信和价值自信。

如今，我们正处在改革开放攻坚和经济发展的转型时期，面对世界各国形形色色的文化现象，面对各种眼花缭乱的现代传媒，我们要坚持文化自信，古为今用、洋为中用、推陈出新，有鉴别地加以对待，有扬弃地予以继承，传承和升华中华优秀传统文化，发展中国特色社会主义文化，增强国家文化软实力。

浩浩历史长河，熊熊文明薪火，中华文化源远流长，滚滚黄河、滔滔长江，是最直接的源头，这两大文化浪涛经过千百年冲刷洗礼和不断交流、融合以及沉淀，最终形成了求同存异、兼收并蓄的辉煌灿烂的中华文明，也是世界上唯一绵延不绝而从没中断的古老文化，并始终充满了生机与活力。

中华文化曾是东方文化摇篮，也是推动世界文明不断前行的动力之一。早在500年前，中华文化的四大发明催生了欧洲文艺复兴运动和地理大发现。中国四大发明先后传到西方，对于促进西方工业社会的形成和发展，曾起到了重要作用。

　　中华文化的力量，已经深深熔铸到我们的生命力、创造力和凝聚力中，是我们民族的基因。中华民族的精神，也已深深植根于绵延数千年的优秀文化传统之中，是我们的精神家园。

　　总之，中华文化博大精深，是中国各族人民五千年来创造、传承下来的物质文明和精神文明的总和，其内容包罗万象，浩若星汉，具有很强的文化纵深，蕴含丰富宝藏。我们要实现中华文化伟大复兴，首先要站在传统文化前沿，薪火相传，一脉相承，弘扬和发展五千年来优秀的、光明的、先进的、科学的、文明的和自豪的文化现象，融合古今中外一切文化精华，构建具有中国特色的现代民族文化，向世界和未来展示中华民族的文化力量、文化价值、文化形态与文化风采。

　　为此，在有关专家指导下，我们收集整理了大量古今资料和最新研究成果，特别编撰了本套大型书系。主要包括独具特色的语言文字、浩如烟海的文化典籍、名扬世界的科技工艺、异彩纷呈的文学艺术、充满智慧的中国哲学、完备而深刻的伦理道德、古风古韵的建筑遗存、深具内涵的自然名胜、悠久传承的历史文明，还有各具特色又相互交融的地域文化和民族文化等，充分显示了中华民族的厚重文化底蕴和强大民族凝聚力，具有极强的系统性、广博性和规模性。

　　本套书系的特点是全景展现，纵横捭阖，内容采取讲故事的方式进行叙述，语言通俗，明白晓畅，图文并茂，形象直观，古风古韵，格调高雅，具有很强的可读性、欣赏性、知识性和延伸性，能够让广大读者全面接触和感受中国文化的丰富内涵，增强中华儿女民族自尊心和文化自豪感，并能很好继承和弘扬中国文化，创造未来中国特色的先进民族文化。

2014年4月18日

七朝都城——古都安阳

七朝都城——古都开封

古都商丘

古都商丘位于我国河南省最东部，是华夏文明的发祥地，也是我国夏朝和商朝最早建都的城市，有5000年的文明史，4600余年的建城史，是我国历史文化名城之一。

商丘是我国钻木取火和中华商人、商品和商业的发源地，也是"三皇五帝"时期夏朝、商朝、周朝宋国、西汉梁国和南宋等朝的建都之地。

此外，古都商丘还孕育了主导我国2000多年的封建历史，及以儒家为主体、道家和墨家与之争鸣的中华民族本源的思想体系。

三皇五帝开创中华远古文明

商丘位于亚欧大陆东岸，我国东部，简称商或宋，拥有1500多年建都史、4600多年建城史，是我国六朝古都之一，也是我国历史文化名城。因商人、商品、商业发源于商丘，商朝建都于商丘，商丘被誉为"三商之源·华商之都"。

商丘的历史非常悠久。早在上古时期，商丘就已经是上古帝王之都。"三皇五帝"之中的颛顼与帝喾先后建都于商丘。后来帝喾之子契，也就是阏伯受封于商，即后来的商丘。此外，汉字的创造者仓颉也曾在商丘境内活动。他们和商丘人一起创造了我国古老的文明。

燧人氏学会了钻木取火，他又将取火方法教给部族成员，人类由此迈向了文明。后来，为了表达对燧人氏的感激

商丘古城门

与崇敬，人们推奉他为"三皇之首"。燧人氏死后就
葬于商丘古城西南的燧皇陵。

　　燧皇陵位于商丘古城西南处，历经多次修复和扩
建，占地面积293多平方千米。

　　墓冢呈方锥型，前面延伸有神道，两侧有龙凤麒
麟等石像，周围有松柏环绕，郁郁葱葱。陵前高台可
容纳1500人同时祭拜。陵园内绿草成茵，繁花似锦。

　　燧人氏墓冢高大，经历代重修，燧皇陵已形成一
个占地面积约4万多平方米的陵园，长达5千米的围墙
和墙瓦古色古香，陵门三楹，十分壮观。进入燧皇
陵，首先看到的是一条神道，神道两边，有排列整齐
的石雕，庄严肃穆，燧人氏墓冢和雕像矗立于陵区的
中心，四周翠柏环抱，绿草如茵。

　　炎皇又称炎帝，朱襄氏是炎帝的别号，就是我国

三皇五帝 三皇起
源于民间传说，
最为流行的说法
是羲皇、燧皇和
炎皇。五帝在中
华文化中，一般
指我国上古传说
中的五位圣明君
主。最为流行的
说法是黄帝、颛
顼、帝喾、尧
和舜。

炎帝 是华夏始祖之一，他与黄帝并称为中华始祖，我国远古时期部落首领。炎帝又称赤帝，距今6000年至5500年左右生于宝鸡姜水之岸。炎帝制耒耜，种五谷，治麻为布，做五弦琴，削木为弓，制作陶器，成为中华民族的人文初祖。他与黄帝结盟并逐渐形成了华夏族，因此形成了炎黄子孙。

传说中的神农氏，是我国传说中农业和医药的发明者，为"三皇"之一，死后被人们运回了祖居地和建都地商丘柘城东处。炎皇曾以陈州为都，陈州的柘城，就是后来的商丘柘城，当时属于陈州辖区，所以说炎帝神农氏就曾定都于商丘。

炎皇神农氏德高望重，他在这里安葬并建祠供世代祭祀。炎帝陵就是朱襄陵，位于河南柘城县东5千米处，是商丘市重点文物保护单位。这座古老的寺院，石碑、古树具有600多年的历史，后世又对先祖殿和先祖墓不断重建和整修。

仓颉是黄帝的史官，相传汉字就是他创造的。他的坟墓位于商丘虞城。颛顼是黄帝的后裔，黄帝死后，因颛顼有圣德，就立他为帝。颛顼定都于帝丘，就是后来的河南濮阳西南，死后葬于商丘聊城。

颛顼的侄子帝喾曾在商丘建都。他前承炎黄，后

■ 燧皇陵

■帝喾 姓姬，名俊，号高辛氏，河南商丘人，是"三皇五帝"中的第三位帝王，即黄帝的曾孙，前承炎黄，后启尧舜，奠定华夏根基，是华夏民族的共同人文始祖，商族的第一位先公，深受百姓爱戴。

启尧舜，奠定了华夏的根基，是我们华夏民族的共同人文始祖，也是商族的第一位先公。帝喾从小德行高尚，聪明能干。他15岁时就被颛顼选为助手，因有功被封于辛，就是商丘的高辛。

帝喾成为天下共主后，统领8个部落，把亳都作为都城，亳都就是河南商丘。帝喾在位期间，游察四方，向百姓普施恩德，并以仁德、信义和勤劳施教于民，各部落以和睦友好为上，各部落互相亲善，友好往来。

据有关考证，仅帝喾一系，就派生出一千多个姓氏，遍布海内外。在《百家姓》中，有240多个源于商丘。也就是说，商丘是中华姓氏的重要发源地。

帝喾死后葬于他的故地辛，就是商丘睢阳，墓地为高丘。在帝喾陵前，

《百家姓》是一本关于中文姓氏的书，成书于北宋初年。原收集姓氏411个，后增补到504个，其中单姓444个，复姓60个。《百家姓》与《三字经》《千字文》并称"三百千"，是我国古代幼儿的启蒙读物。"赵钱孙李"成为《百家姓》前四姓是因为百家姓形成于宋朝的吴越钱塘地区。

■仓颉 史皇氏，陕西省渭南市白水县人。据《说文解字》记载，仓颉是黄帝时期造字的史官，被尊为"造字圣人"。建于汉代的仓颉庙内有一块《仓圣鸟迹书碑》，相传这就是仓颉当年所造象形文字的本形。这是世界上最早的象形文字。

建有帝喾祠和禅门等建筑。

　　帝喾陵后世经过多次修复，殿宇雄伟壮观，松柏苍郁，碑碣林立。梁上绘有彩龙，栩栩如生。在庙堂内中央有一口古井，相传大旱之年求雨多有灵验，所以被人们誉为"灵井"。陵前存有帝喾祠、沐浴室、更衣亭和禅门等古建筑，院中有大量碑刻。

　　相传帝喾的次妃简狄，因吃玄鸟而生阏伯，阏伯也就是商的始祖。因"玄鸟生商"的传说，商丘古时也被称为"燕城"。

　　后来，帝喾命忠诚而勤勉的阏伯在商丘任"火正"，专门负责管理火种与祭祀星辰。从此，阏伯就成了商的"火正"，封号为"商"。同时，帝喾命实沈率族人去了大夏，令他在大夏筑高台观测天象，主要观测参星，即太白金星。

　　阏伯被封到"商"后，终日为火事操劳，让火经久不息。大家感激阏伯，尊他为"火神"。阏伯在商

太白金星 金星，我国古代称它为太白或太白金星。它是每天傍晚天快黑时，西南方出现最早的一颗很亮的星，比太阳落得还晚，所以叫"长庚星"，又因它出来的比太阳早，所以又叫"启明星"，后也指神话传说中的天神。

■ 阏伯台

管火的同时，还筑台观察星辰，以此为依据测定一年的自然变化和年成好坏，为我国古老的天文学作出了贡献。

阏伯死后，人们怀念他的功德，就以最高的葬礼把阏伯安葬在他生前存放火种和观察星辰的高地上，并将那里尊称为"阏伯台"或"火星台""火神台"。

火神台位于商丘古城西南，为圆形夯土筑成，台高35米，台基周长270米，是我国最早的授时台，也是我国唯一的民用授时台。

后来，阏伯死后还被尊为"商星"，而他的弟弟实沈死后被尊为"参星"。传说在"商星"和"参星"这两个星宿中，只有一个落下的时候，另一个才会升起。

此后，由于阏伯生前的封号为"商"，按照当时的风俗，悼念他的人每人都要往他坟上添一包黄土。因而，他的墓冢被堆得越来越大，这座墓冢从此便被人们尊称为"商丘"。时间长了，"商丘"便成了这里的地名了。

阅读链接

商丘是中华姓氏的重要发源地，据有关考证，仅帝喾一系，就派生出姓氏1200多个，其中单姓700多个，复姓400多个，遍布海内外。

除帝喾后裔外，有据可查姓氏在商丘的，还有葛、虞、陶、陈、田、桑、酋、犬、火、睢等。汉民族人口最多的100个大姓氏中，帝喾之后占59个。在《百家姓》438个姓氏中，有242个源于商丘。

我国台湾省的"陈、林、黄、张、李、王、吴、刘、蔡、杨"10大姓中，有7个姓氏的"根"就在商丘。后来姓氏中，朱、傅、宋、葛、汤、虞、华、龙等千余个姓氏的"根"在商丘。

商汤把亳都作为开国之都

相传，我国最早有文献记载的一位夏族首领鲧是颛顼的后裔。鲧死后，他的儿子禹因治水有功被舜推举为继承人。后来，禹的儿子启被民众拥戴为夏族联盟首领。

启在晚年逐渐疏于朝政。后来，东夷族有穷氏首领后羿趁机掌握了夏政权。

后羿独承王位以后不久，

■后羿 本称"司羿"，当时一位射师被任命为羽林军教头。此后这一显赫职务就在该家族内部世代传承。到了夏初，因太康不理朝政，作为羽林军教头的司羿发动宫廷政变，摄取夏政，史称后羿。后羿后来被家臣寒浞杀死。

即被寒浞杀死。此后，寒浞又消灭了夏后相，但相怀有身孕的王后成功逃生，并生下了少康。

少康长大后，忠诚有德，果敢精明，受到虞国首领虞思赏识。少康势力日益强大，后来攻克旧都，诛杀寒浞。夏由此复国，建都纶邑，就是后来的商丘夏邑。

少康病死后，他的儿子杼继位。杼的统治，使夏朝进入了最鼎盛时期。

少康的孙子夏桀继位以后，不思改革，骄奢自恣，夏朝进一步衰落。但在这一时期，活动在黄河下游的商部落逐渐强盛起来。阏伯的第六世孙，商部族首领、华夏的经商始祖王亥与他的部族在商丘一带的

■伊尹画像

■商汤画像

少康 姒少康的伯祖夏王姒太康，在东夷有穷氏首领后羿叛乱下失国，姒少康的父亲夏后氏首领姒相被寒浞杀死，姒少康是姒相的遗腹子。姒少康长大后，志在复国。他与夏后氏遗臣伯靡等人合力，攻灭了寒浞，恢复了夏王朝的统治。姒少康大有作为，史称少康中兴。

王亥 河南商丘人，子姓，又名振，商部落族的第七任首领。王亥开创了华夏商业贸易的先河，人们把从事贸易活动的商部落人称为"商人"，把用于交换的物品叫"商品"。

■商汤塑像

活动日益频繁。

大约在公元前1600年，商汤在名相伊尹的谋划下，采取措施，削弱夏朝实力。后来，商汤俘获了夏桀，夏桀因放逐而被饿死。

不久，在方国部落的支持下，商汤正式称"王"于亳，就是后来的河南商丘，夏朝从此宣告灭亡。

据古文献记载，亳城在山东曹县南处，曹南山的南面，在它旁边就是蒙城。而大蒙城在曹县以北，蒙城与北亳相距约15千米。如果按照这一记载数字推算，恰好位于后来的曹县土山集一带。

商汤建国后便扩建亳都，继续征伐，以拓展商朝的统治区。在商汤统治期间，社会安定，国力强盛。不仅商国内的众多诸侯当时前往商都亳邑进行朝会，就连西方的氐羌族人也来表示对商的臣服，承认商的王权。

商代是我国历史上的第二个奴隶制国家，也是我国第一个有直接的同时期的文字记载的王朝。

商汤以后至仲丁时期，仍然实行兄终弟及，也就是无弟就传子的继承制度。

仲壬在位时期商朝日益兴盛。其子太甲继位后，由四朝元老伊尹辅政。太甲在位期间，百姓安居乐业。太甲被后世尊称为守成之主"太宗"和商代的"盛君"。

诸侯 古代中央政权所分封的各国国君的统称。周代分公、侯、伯、子、男五等，汉朝分王、侯二等。周制，诸侯名义上需服从王室的政令，向王室朝贡、述职、服役以及出兵勤王等。汉时诸侯国由皇帝派相或长吏治理，王、侯仅食赋税。

仲壬 亦称中壬、燕壬、工壬、其壬、南壬，姓子名庸，是我国商朝的一位君王。在位时期商朝兴盛。仲壬继位后，由伊尹辅政，基本上遵守汤制定的法制，朝政相对比较稳定，国家日益强盛。

从太甲到太戊，是商王朝巩固和发展的时期。太甲去世后，其子沃丁继位，仍以伊尹为相。自商汤至沃丁，伊尹已是商代五朝右相了。

相传，伊尹不但是我国中草药煎服发明的第一人，他还精于烹饪，在烹饪方面有许多发明创造，他被后人尊为"烹饪鼻祖"。

伊尹死后，安葬在商丘虞城。伊尹墓位于商丘市虞城县谷熟镇南，周围古柏环绕，绿木参天。伊尹墓前建有伊尹祠。墓冢高3米、周长50米。有的古柏距今已有1400多年的历史，最大的直径3米多。这些古柏四季葱茏，遮天蔽日，蔚为壮观。

到雍己继位时，不思进取，政事荒废，商朝开始衰落，甚至发生过诸侯不来朝会的情况，但由于商王朝的基础较为厚实，所以其统治依然比较稳定。

雍己之后，他的弟弟太戊继任，起用了伊尹的儿子伊陟为相。在太戊的励精图治下，商王朝又得以复兴了。

太戊时期的农业生产已经达到较高的发展水平，生产工具以石、骨、蚌制成的斧、刀、镰为主。农业生产规模已

太戊 姓子，名密。商的第九位国王。汤的五世孙，太甲孙。死后追谥为中宗。甲骨文中记载大太戊、天戊，是商王太庚的儿子，商王小甲、雍己的弟弟。商朝复兴后，太戊与祖乙、太甲并称为"三示"，即3个有贡献的国君。

■ 名相伊尹塑像

六朝都城

古都商丘

周易 周文王著，我国古哲学书籍，是建立在阴阳二元论基础上对事物运行规律加以论证和描述的书籍。书中对于天地万物进行性状归类，天干地支五行论，甚至精确到可以对事物的未来发展作出较为准确的预测。

■郑州商代遗址

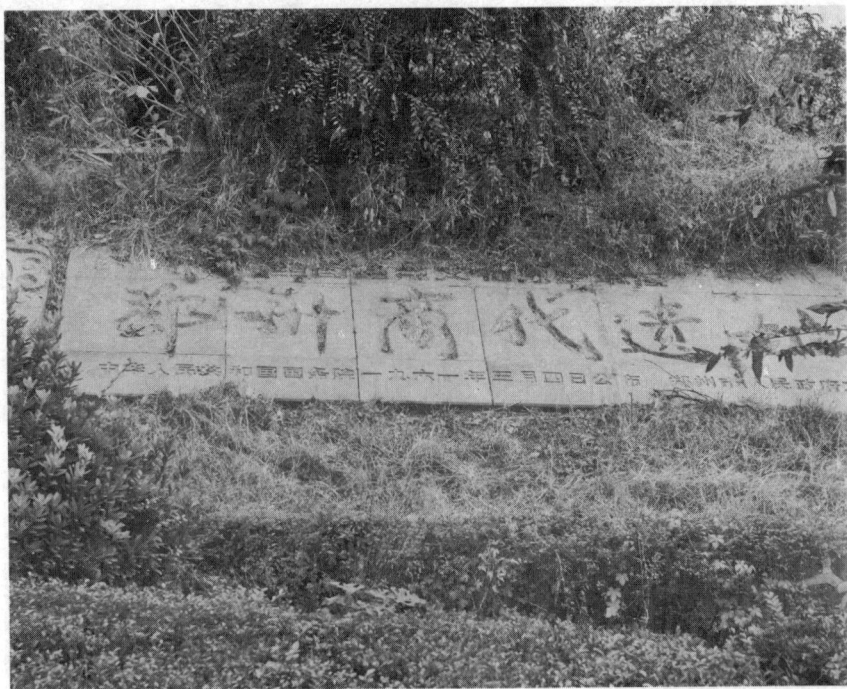

相当大，畜牧业发达，并且掌握了猪的阉割技术，开始了人工养淡水鱼。

随着农业和手工业生产的发展，商业也有了一定程度的发展。各部落商品频繁交易活动衍生了"商文化"。商丘因是商部族的起源聚居地和商朝最早的建都地以及商人、商业和商文化的发源地，商丘被誉为"三商之源"和"华商之都"。

陶文、玉石文、金文和甲骨文几种文字在当时并行使用，但最主要使用的还是一种刻在甲骨上的甲骨文，兼有象形、指事、会意、形声、假借等多种造字方法，甲骨卜辞中，总共发现约有单字4000多个。

商代的历法已趋于完备，是我国设置闰月的开端。此外，乐舞《桑林》和《大护》已成为宫廷音乐的主要形式，而《周易·归妹上六》和《易·屯六二》则是商代广泛传唱的民歌。

太戊时期，商朝得到了70多年的稳定发展。但到了太戊晚年，一些诸侯方伯趁机利用商朝王室的混乱，不断扩大势力。当时，东南诸夷兴起，对商王朝，时而臣服，时而反叛。

■甲骨文

太戊死后，太戊之子仲丁继位。从仲丁开始，商王室混乱加剧。后来，由于亳都遭到严重水患，亳都奴隶主贵族势力的困扰，以及对诸侯与方国控制的需要，仲丁迁都于嚣，就是河南郑州。

从此，商代结束了在商丘长达200余年的都城历史。

阅读链接

太甲在四朝元老伊尹的辅政和督促下，前两年的政绩很好，但是从第三年起，他就开始不遵守商汤的法制了。他变得暴虐乱德，一味贪图享乐。伊尹百般规劝无效，便只好由自己摄政，将太甲送去商汤墓地附近的桐宫，今河南省偃师县西南居住，让他自己反省，史称"伊尹放太甲"。

太甲在桐宫3年，悔过自责，伊尹又将他迎回亳都，还政于他。重新当政的太甲勤俭爱民、诸侯亲附，百姓安居乐业，社会得以安定，太甲被称为守成之主"太宗"。后世政治家更推之为商朝的"盛君"。

微子祠及汉代梁园和梁孝王墓

约公元前1063年，微子就封于宋，成为周时宋国的始祖、国君。宋国都城城址的平面呈长方形，东墙长2.9千米，南墙长约3.5千米，西墙长3千米，北墙长约3.2千米，总面积10平方千米。由此可见，当时的

■微子祠

■ 汉高祖（前256—前195年），刘邦，公元前202年，刘邦即位，定都长安，建立汉朝，史称西汉。汉朝开国皇帝，我国历史上杰出的政治家、战略家。他对汉族的发展，我国的统一强大，以及汉文化的发扬有突出的贡献。

宋国都城规模已经不小了。

微子死后葬于宋国故地，并建有微子祠，其祠庙在宋国都城外的皇林中，微子墓前有石碑与石器，碑前有拜殿3楹，内设牌位和祭器。

在秦代时，商丘分属砀郡与陈郡。公元前202年，汉高祖刘邦建立西汉政权后，商丘睢阳人灌婴担任了丞相。由于他推行与民生息政策，提倡减免赋税，鼓励农业生产，促成了西汉政治经济的繁荣。同年，汉高祖刘邦改砀郡为梁国，属豫州，治所在睢阳，就是后来的河南商丘。

公元前161年，梁孝王刘武奉命就封于睢阳。他"筑东苑，方三百余里，广睢阳城七十里，大治宫室……"生活奢侈豪华犹如帝王般：

> 以窦太后少子故，有宠，王四十余城，居天下膏腴之地，赏赐不可胜道，府库金钱且百巨万，珠玉宝器多于京师。

此外，梁孝王还在睢阳东南平台一带大兴土木，建造了规模宏大、富丽堂皇的梁园以作游赏宴宾之所。后来，他又在梁园内建造了许多亭台楼阁以及百

微子 子姓，名启，世称微子、微子启，"微"是国号，"子"是爵位。宋国开国远祖，第一代国君。微子是商王帝乙的长子，纣王的庶兄，《吕氏春秋》称微子、微仲与纣王三人同母。微子死后葬于宋国故地，河南商丘睢阳区建有微子祠。

■司马相如（约前179—前118年），字长卿，西汉大辞赋家。是我国文化史文学史上杰出的代表，是西汉盛世汉武帝时期伟大的文学家、杰出的政治家。工辞赋，其代表作品为《子虚赋》。后人称之为赋圣和"辞宗"。

枚乘 字叔，西汉著名的辞赋家。秦建治时古淮阴人。枚乘因在七国叛乱前后两次上谏吴王而显名。文学上的主要成就是辞赋，《汉书·艺文志》著录"枚乘赋九篇"。

灵山、落猿岩、栖龙岫、雁池、鹤洲和凫渚等景观，种植了松柏、梧桐和青竹等奇木佳树。

建成后的梁园周围150千米，宫观相连，奇果佳树，错杂其间，珍禽异兽，出没其中，使这里成了景色秀丽的人间天堂，是我国历史上著名的园林之一。

梁孝王刘武喜好招揽文人谋士，他常在园中设宴，文学家司马相如、辞赋家枚乘等经常应召而至，成为竹荫蔽日的梁园宾客。后谋士公孙诡和散文家邹阳等也都于梁园做了梁客。他们一起吟诗弹唱，在梁圆形成了极具影响的梁园文学。

梁孝王死后，葬于睢阳山东，就是后来商丘永城的芒砀山上。整个陵墓群完全是由数以万计的民工用锤子斩山作廓，穿石为藏，结构复杂，气势恢宏，宛如一座地下宫殿，其工程之浩繁，技艺之精湛，令人叹为观止。

梁孝王墓位于永城东北的芒砀山南脉保安山东侧山腰。梁孝王的墓葬群斩山为椁，穿石而藏，墓门向东，墓长56米。

芒砀山西汉梁王陵墓群是目前我国所发现的年代最早、规模最大的汉墓群。梁孝王墓结构复杂，气势恢宏，宛如地下宫殿群。特别值得一提的是，这一西汉梁王陵墓群是在炸药还没有问世的西汉，完全由无数民工用锤子一下一下地敲凿出来。其工程之浩繁、技艺之高超令人叹为观止。

梁孝王墓中，梁孝王穿了一件用金丝和玉片编织而成的金缕玉衣。其墓室中的珍宝更是无数。据史书记载，掘墓者得到的珍宝就装有72船，民间小规模的偷盗就更是不计其数。

墓内所出土的汉代壁画、金缕玉衣、鎏金车马器、骑兵俑及大量精美的玉器等更堪称稀世之宝。

■ 梁孝王（约前184—前144年），刘武，西汉时期的贵族，与馆陶公主、汉景帝同为窦太后所出，汉文帝嫡次子。刘武在位期间曾带兵抵御七国之乱中吴王刘濞的进攻，功劳极大。前144年病逝，葬于永城芒砀山。他在位23年，谥号为孝，故号梁孝王。他死后梁国一分为五。

雕刻　指用各种可塑材料或可雕、可刻的硬质材料，创造出具有一定空间的可视、可触的艺术形象，借以反映社会生活、表达艺术家的审美感受、审美情感、审美理想的艺术。石雕的历史可以追溯到距今一二十万年前的旧石器时代中期。从那时候起，石雕便一直沿传至今。

西汉梁王陵墓群现已发现大小汉墓18座，其中更以汉高祖刘邦的孙子梁孝王刘武及王后墓的规模最为宏大、最为著名。

梁孝王王后墓纵深210米，是迄今国内发现的最大的石室陵墓，墓内各种生活设施，如客厅、卧室、壁橱、粮仓、冰窖、马厩、兵器库、厕所等一应俱全。最让人称奇的是其中有实物为证的、在我国最早使用的、雕刻精美的石制坐便器。

在梁孝王墓和王后墓之间有一条地下通道，叫"黄泉道"，是梁孝王和王后死后灵魂幽会的通道，后人所谓"命归黄泉"或"黄泉路"之说即源于此。

在僖山汉墓出土的金缕玉衣做工精细、质地纯正，历经2000多年仍风韵犹存。柿园汉墓壁画以青龙、白虎、朱雀、玄武四神为主题，四周衬托缭绕的云气和绶带，画艺精绝，气势磅礴，被称为"敦煌前的敦煌"，其中所出土的容貌秀美、栩栩如生的断臂

■金缕玉衣

仕女俑更被称为"中国的维纳斯"。

■ 梁孝王陵入口

芒砀山西汉梁王陵墓群是国家级重点文物保护单位，是我国乃至世界罕见的大型石室陵墓群。

梁孝王墓"四神云气图"壁画发现于西汉早期梁国王陵区的柿园墓。在众多的壁画遗存中，墓室壁画很少，西汉早期的则更为稀少。因而，该壁画就成为我国时代最早，墓葬级别最高的墓葬壁画珍品。

然而，因岁月悠久，壁画的破坏逐渐显现，日趋严重。表面绘彩层起翘脱落，颜料退色，局部有网格纹显现。地仗层有龟裂分层现象。画面有通透性开裂。

壁画固定件有松脱现象。壁画表面显现后背木龙骨变形前顶的痕迹，壁画整体弯曲变形严重，交接处

壁画 人类历史上最古老的绘画形式之一。作为建筑物的附属部分，它的装饰和美化功能使它成为环境艺术的一个重要方面。壁画分为粗底壁画、刷底壁画和装贴壁画等。

■ 芒砀山上的兵马
俑局部

产生裂缝。画面在局部产生翘曲开裂。

梁孝王墓在史书上多有记载。《史记·梁孝王世家》索隐《述征记》《水经注·获水》以及清光绪年间的《永城县志·古迹》中都有所记载。据《太平寰宇记》记载：

> 梁孝王墓在县（北）五十里，高四丈，
> 周回一里，砀山南岭山。

梁孝王墓被发现最早可追溯至东汉末年，该墓坐西面东，开凿于距山顶20米处。

从墓道口至西回廊西壁全长96米，南北最宽处即回廊北耳室北壁至回廊南耳室南壁32米，最高处为3米，总面积约612平方米，总容积约1367立方米。全

《史记》 由司马迁撰写的我国第一部纪传体通史，是二十五史的第一部。记载了上自上古传说中的黄帝时代，下至汉武帝太史元年间共3000多年的历史。《史记》最初没有书名，称太史公书、太史公传，也省称太史公。史记与宋代司马光编撰的《资治通鉴》并称"史学双璧"。

墓由墓道、甬道、主室、回廊及10多间侧室、耳室、角室和排水系统组成。

墓道呈东西向，由斜坡墓道和平底墓道两部分组成。斜坡墓道全长32.2米，上口宽2.59米，底宽2.78米，平底墓道的西端深入山体部分是封闭式墓道，两侧石墙之上，底端为燕尾槽的石板扣合成两面坡式，两坡的顶端用上宽下窄的梯形石板扣压。

这种扣合方法减轻了顶部压力，极其坚固，至今保存完好。

墓道近墓门处南北各开凿一个耳室，南耳室东西最长处5.1米。北耳室东西长5.3米，南北最宽处4.46米，这两个应是车马室、过墓门，东高西底的雨道，是从墓道通向主室的通道，由门道、斜坡甬道和平底甬道3部分组成。

在斜坡甬道的西端南北两侧各开凿一个耳室。北耳室南北最长处12.88米，东西最宽处9.9米，高2米至

六朝都城

古都商丘

■梁孝王陵

2.18米，总容积约233立方米。南耳室东西4.56米，南北宽处4.6米，内高2.1米，是藏兵器的地方。

甬道西端连接主室，主室是整座墓葬的核心，平面东西呈长方形，东西长9.65米，南北宽4.7米，高3米，室四壁垂直，表面光平。

主室底部为东西长5.45米，南北宽3.65米，深0.4米的凹坑，坑底平坦，四壁垂直，四角规整，凹坑的东壁是一条通向回廊的下水道。主室的南北两侧各开有3个耳室。

北侧的3个耳室整齐规整，皆为正方形，每边长2.3米，作为储藏室和庖厨室。南侧的东侧室为棺床室，东、南、西三面为石壁。北面是和主室相通的空间，室底高出主室底部0.4米，南部底端有一通向水井室的不规则洞孔。

南面西侧耳室和棺床室有门相通，连成套间，内呈近正方形，四壁垂直，底平坦，室底中央为一向下开凿的石坑，作为浴室。最西边的耳室和主室相通，呈南北长方形。

古都的厚重历史遗韵

芒砀山梁孝王墓兵马俑群

■ 梁孝王墓中的相思道

主室外围建有回廊，围绕主室和主室外侧室一周，平面略呈正方形，东回廊中部与主室相通。回廊四角皆有耳室，平面呈方形，每边长4.7米，是放置陪葬品的地方。回廊东、西、南三面还有排水沟，将各室的积水排入南回廊的水井，利用水井内的自然岩缝，将水排出。

梁孝王墓工程浩大，气势恢宏，结构规整，布局合理，建筑艺术高超，这在火药尚未发明的西汉时期，用人工开凿如此浩大的工程，其难度可想而知，这充分体现了古代劳动人民的聪明才智。

公元前196年，皇子刘恢被封为梁王。公元前181年，刘恢被封为赵王，吕后的弟弟吕产被封为梁王。但吕产一直待在京城长安，并没有到梁国赴任。吕产被朝中大臣杀掉后，公元前178年，汉文帝的小儿子刘揖被封为梁王。

刘恢 汉高祖刘邦的儿子，公元前196年，高祖诛梁王彭越后，立为梁王，定都于大梁。在刘恢受封为梁王的第二年，叱咤风云一生的刘邦去世。刘邦的次子刘盈继承皇位，就是汉惠帝。刘盈性格软弱，朝廷大权由他的母亲吕后掌握。公元前181年，刘恢殉情自杀。

梁孝王塑像

公元前169年，刘揖从马上摔下而死，谥为梁怀王。刘揖去世后，没有子孙继承王位。大臣贾谊认为梁国位置重要，他向汉文帝建议说应该选择可靠的人为梁王。文帝听取贾谊的建议，封淮阳王刘武为梁王，这就是梁孝王。梁孝王刘武过着奢侈豪华的帝王般生活。

一般的王陵都是劈山后用巨石修砌，但梁孝王墓却不同。梁孝王墓"斩山作廓，穿石为藏"，工程之浩大、结构之独特、布局之对称，在历史上都是罕见的。

而今在历史的长河中经过2000多年的沉淀洗礼后，梁王墓已难见夕日的辉煌，徒留空荡荡的墓室与伤痕累累的芒砀山展现在世人的眼前。唐代大诗人李白曾有诗说：

梁王宫阙今安在？枚马先归不相待。
舞影歌声散绿池，空馀汴水东流海。

阅读链接

在宋国始祖微子后代里，最有名的人物之一就是孔子，他的祖上是宋国王族。孔子是我国古代伟大的思想家和教育家，儒家学派创始人。他著有《论语》及《史记·孔子世家》，他还编撰了我国第一部编年体史书《春秋》。

墨家学派创始人墨子也是宋微子后裔。此外，宋国时期的商丘名人还有：道家学派的创始人老子、战国时政治家惠施和儒家的代表人物孟子以及道家学派的代表人物庄子等。

北朝时期在虞城始建木兰祠

到了北朝时期，商丘先后为北魏、东魏、北齐的梁郡，属南兖州，辖襄邑和淮阳两县。相传，替父从军的巾帼英雄花木兰也是商丘人。后世为纪念她替父从军，在商丘虞城兴建了木兰祠。

木兰祠位于虞城县城南的营廓镇大周庄村，距虞城县城35千米。该祠始建于唐代，金、元、清各代曾有重修。

■花木兰（412—502年），本姓朱，北魏人，巾帼英雄。花木兰的事迹流传至今。她忠孝节义，以替父从军击败入侵民族而闻名天下，唐朝皇帝追封为"孝烈将军"。

■ 木兰祠正门

木兰祠曾占地万余平方米，有大门、大殿、献殿、后楼和配房等。大殿内有英姿飒爽的花木兰戎装立像和记载花木兰代父从军、征战疆场、凯旋的雕塑和组画。

大门过道两侧，各有一泥塑高大战马。木兰祠围墙内外，植有柏树和槐树。环境优美，庄严肃穆。

578年，突厥入侵幽州，周武帝宇文邕率五路大军亲征，因父年老，弟年幼，木兰便女扮男装，代父从军。木兰征战疆场12年，屡立战功。戍边归来，隋文帝欲封她为尚书，她坚辞不授。归家后，脱去戎装，又现女儿真面目。

木兰女扮男装的事情闻达皇上，皇上非常爱慕，欲选进宫中，木兰抗旨自杀，唐初追封为"孝烈将军"，后人为了祭祀她，就在其故里商丘虞城县营廓镇建造了木兰祠。

木兰祠祠内有祠碑两通：一通为1334年所立的

《孝烈将军祠像辨正记》碑，碑文载有对木兰身份、受封孝烈将军的确认及《木兰辞》全文。另一通则是1806年所立的《孝烈将军辨误正名记》碑。

《孝烈将军祠像辨正记》碑，立于该祠大门内东侧。碑为青石，通高3.6米，宽1米，碑首前后皆为深浮雕的二龙云里戏珠，布局对称，造型大方。

篆字题名《孝烈将军祠像辨正记》，碑四边刻有图案，上边用夸张浪漫的手法，刻有二龙戏珠，龙头大而逼真，龙身简而细小，穿入流云，生动美妙。

■ 木兰祠碑亭

两边阴刻牡丹花纹，线条活泼流畅，古朴而不俗。碑文正书31行，满68字，其刻书精美，苍劲有力。龟座高0.7米，龟形伸头直尾，四肢半曲，似起似卧，栩栩如生。碑文下款：元朝元统二年，祖居归德汤德立石，侯有造撰文，曹州李克均、李英刻石。

后世又重修碑楼，顶为轿形，尖顶四脊，合瓦挑角，17层封檐，前后园门，古朴典雅，碑楼四周砌有围墙。

《孝烈将军辨误正名记》碑，立于该祠大门外西侧。通高2.14米，宽0.78米，方座，碑额刻有深浮雕

阴刻 是一种独特的雕刻方式。阴刻是将笔画显示平面物体之下的立体线条。阴刻为凹形状，凹陷下去的字是阴字，凸出来的字是阳字。平时刻图章是一般都刻凸出来的字，这就是阳刻。刻图章是如果刻凹陷下去的字，这就是阴刻。

篆字 大篆和小篆的统称，也称篆书。大篆指甲骨文、金文、籀文、六国文字，它们保存着古代象形文字的明显特点。小篆也称秦篆，是秦国的通用文字，大篆的简化字体。

盘龙，篆字题名，碑文正书，归德府商丘县庠生孟毓谦撰文，归德府商丘县邑大学生孟毓鹤书丹，芒山石工张握玉刻石。

兴建最早的景点花木兰祠，始建于唐代，后金太和年间，敦武校尉归德府谷熟县营城镇酒都监乌答撒忽剌重修大殿、献殿各3间，并塑木兰像。1334年，睢阳府尹梁思温倡议，募捐2500贯钱重修扩建。

1806年，该祠僧人坚科、坚让等，再次募资修祠、立碑。历经扩建的木兰祠占地10多平方千米，各类建筑120多间，另有祠地约266平方千米，住持僧人10多人。

祠围墙内外，植有柏树、槐树。大门过道两侧，各有一泥塑高大战马。大殿内塑有木兰闺装像，献殿内塑有木兰戎装像，后楼塑有木兰全家像。祠殿内外，有历代官府、名人撰文、题诗、书画及60多通香火碑。

每年农历四月初八是木兰的生日，周边官府带领乡民前来致祭，后发展成连续五日的香火古会。可惜，这

■ 杨坚（541—604年），即隋文帝，隋朝开国皇帝。他在位期间成功地统一了严重分裂数百年的中国，并开创了先进的选官制度，发展文化经济。使得我国成为盛世之国。他在位期间，疆域辽阔，是我国农耕文明的巅峰时期。杨坚是西方人眼中最伟大的中国皇帝之一，被尊为"圣人可汗"。

座恢宏壮观的祠宇毁于战火。后世仅存有元代和清代两通祠碑，碑文详细记载了木兰身世、英迹和历代修祠情况。

在隋代，隋文帝杨坚于开皇初年废梁郡，596年置宋州，607年复置梁郡。隋炀帝为了维护中央政权统治，加强对江南的控制，兴修水利并发展漕运，隋炀帝于605年至610年先后征发数百万民工，人工开凿了一条我国历史上著名的大运河。

大运河以洛阳为中心，北起涿郡，即今北京，南达余杭，即今浙江杭州，全长2000多千米，由永济渠、通济渠、邗沟和江南河四大段组成，把黄河、淮河、长江等几大水系连接在一起，成了我国南北交通的大动脉，对促进我国南北的政治、经济和文化交流都起到了极大的推动作用。

大运河商丘段是通济渠的一段，西接开封，东连安徽宿县，是运河上较为重要的一段，沿途经过睢县、宁陵、睢阳区、虞城、夏邑和永城等地，全长约200千米。

■《木兰从军》木雕

隋炀帝 杨广，华阴人，生于京师长安，是隋朝第二代皇帝。604年继位。他在位期间修建大运河，营建东都迁都洛阳城，开创科举制度，亲征吐谷浑，三征高句丽。因为滥用民力，造成天下大乱直接以致隋朝的灭亡。618年，他在江都被部下缢杀。

通济渠示意图

为了方便游幸的船队遮阴避暑，隋朝还在通济渠两岸筑堤植柳，形成了隋堤上一道亮丽风景。

通济渠开通后，自梁郡西到京师，南达江淮，北到幽燕，十分便利，漕运商旅，八方聚集，大大促进了梁郡的商业活动。

在运河沿线尤其是京师附近，修建了许多官仓，可储存从江南漕运而来的粮食，多者千万石，少者也不下百万石。

后来，隋代经济重心虽南移江南，但政治中心仍然在黄河之滨，这一新的政治格局，使隋王朝京师所需和转漕给养，仰赖于南粮北运的状况特别明显。如隋炀帝征高句丽的军需物资就是通过运河迅速调运。

阅读链接

历史上，有关巾帼英雄花木兰的住处及姓氏，说法不一。其中有说花木兰姓魏，家居亳州的，因为亳州至今遗址尚存。

《亳州志·烈女志》记载，木兰，魏姓，西汉谯城东魏村人。东魏村即现在亳州魏园村，魏园村为淮北一普通村落，高约5米的木兰出征塑像，为故里平添无限光彩。村民指其村后即木兰故居，墓冢犹存。墓周苍松环护，翠竹成林，春来芍花飘香，蔚为壮观。

又据《光绪亳州志》记载：木兰祠在关外，相传祠左右即木兰之家。今祠已毁，遗址尚在。

宋代增修崇法寺塔和微子祠

安史之乱以后，唐朝日趋衰落，自此陷入长期藩镇割据、叛乱呈现多事之秋。在朝廷危难之际，宋州始终能站在唐朝廷一边，宋州人以其忠勇精神，凭战略要地，富庶的经济，帮助朝廷平定数次叛乱，保护沟通江淮的漕运通道，确保了朝廷财赋来源，巩固和稳定了唐朝的统治。

758年，唐肃宗改睢阳郡为宋州。772年，淮西节度使李希烈叛乱，以重兵围攻睢阳，河南节度使田神功抱病与叛军大战两天两夜，积劳成疾。773年，田神功病死，其弟田

■ 颜真卿　字清臣，唐代书法家。唐代中期杰出书法家。他创立的"颜体"楷书与赵孟頫、柳公权、欧阳询并称"楷书四大家"。和柳公权并称"颜筋柳骨"。

田神功 河北南宫人。唐朝大将，参与平定安史之乱有功于国，此后又参与平定淮西节度使李希烈的叛乱，但也纵兵祸乱了富庶的江淮地区。唐玄宗天宝末年，田神功当过县史。史思明让他与大将南德信、刘从谏率兵南略江淮，田神功趁机再次归顺朝廷，受封鸿胪卿。

■ 八关斋

神玉自封为汴宋节度留后。

在当时，大书法家颜真卿听闻田神功病危的消息后，尤为感动，亲自撰写了一篇900多字的短文，题为《有唐宋州官吏八关斋会报德记》，刻于石壁。

后来，百姓有感于田神功对百姓的护佑之心，也出于对大书法家颜真卿书法艺术的推崇，在商丘城南门外的古宋河畔建了座"八关斋"。

八关斋位于商丘城南500米处。院内有一座造型优美的八角亭，在亭内有一座八棱石幢。石幢高3.2米，每面宽0.5米，上面有颜真卿晚年撰写的《有唐宋州官吏八关斋会报德记》。

碑文记载，田神功在安史之乱中解了宋州之围。772年，田神功得了病，几个月后病才痊愈。宋州刺史徐向等为了逢迎田神功，在城南开元寺设八关斋会，邀请一千僧人赴斋。石碑最初称为颜鲁公碑，因碑文所记载的是八关斋的佛事，后人便逐渐将此碑叫成八关斋了。

八关斋历千余载，几度兴废，又几经重修，才得以存留后世。

北宋定都开封后，宋州成了宋都开封的东南门户，近可屏蔽淮徐，远可南通吴越，地理位置十分重要。这里成了北宋经济收入的重要支柱。

宋州当时的整个码头，北岸占地约24万平方米，南岸占地约24万平方米。宋州境内的通济渠仍然水丰河宽，每年经宋州从江南运往京城开封的物品种类繁多，数量惊人。

到了北宋中期，佛教兴盛起来。1095年，历时6年的崇法寺塔终于在商丘永城的崇法寺内建成。崇法寺塔为八角楼阁式9层砖塔，塔体为锥柱形，每层檐下均有仰莲相托。

崇法寺建于隋代，1093年，崇法寺塔开始兴建。直到1098年才宣告建成，历时6年的时间。因塔建于寺内，故名崇法寺塔。永城人吕永辉曾作诗赞道：

东林古寺迹仍留，七级浮屠踞上游。
保障江淮称巨镇，屏藩梁宋护中州。

崇法寺塔位于商丘永城市东关崇法寺内。后来，寺院被废弃，仅存9层砖塔。砖塔高34.6米，楼阁式八

■ 宋代北寺塔

通济渠 又称汴河，隋唐大运河的首期工程，连接了黄河与淮河，贯通了西安到扬州，全长650千米。历经隋、唐、五代、宋、辽、西夏、金、元8个朝代，通航720年。南宋时期，运河河床逐渐淤塞断流。元、明、清时期，朝廷将河道直接取直，由北京直通苏杭。

角形，塔底座边长3米，塔底层直径7.7米。塔体为锥柱形，每层檐下均有仰莲相托。仰望塔身，如九朵莲花开放。塔每层均设有东南西北4门。八角皆有石龙头，龙头上系有铁铃，每当风起，铿锵齐鸣，悦耳动听。

在塔的底层建有地宫。地宫内有棺床和石匣。塔底北门有青石走道，一直通到塔顶。内壁镶有651块深绿色琉璃佛像砖，构图为一佛两菩萨。它是我国古代砖塔建筑艺术的代表之作。

■ 宋代大相国寺佛塔

崇法寺塔整体由地宫、塔基、塔身和塔刹四部分组成。崇法寺地宫呈方形，顶作藻井，地宫中央砖砌莲花依柱棺床，上置长方形石函。惜地宫被盗一空，在后人清理过程中才见地宫真面目。

据石碑铭文记载，石函内供奉有佛舍利，并以金、银、玛瑙、水晶、玉石等七宝供养，同时还有唐宋两朝的铜钱和稻谷。从而可知，此塔是专为佛陀生身舍利而建的。

在塔基座内装木骨，上承宝塔，下护地宫，坚实而稳固，与塔身、塔刹组成了和谐庄严、高雅的统一体，堪称楼阁式古塔的精品。八角九层塔身为砖砌楼阁式，青砖迭砌仿木结构，层层出檐，逐层内收，每

塔刹 指佛塔顶部的装饰，塔刹位于塔的最高处，是"冠表全塔"和塔上最为显著的标记。"刹"来源于梵文，意思是"土田"和"国"，佛教的引申义为"佛国"。各种式样的塔都有塔刹，所谓是"无塔不刹"。塔刹是我国建筑塔顶攒尖收尾的重要组成部分。

层外壁转角有砖制仿木圆柱，外檐建仿木镂空围栏，增强了美感，表现了多变的轮廓。

塔檐是由莲花瓣石叠砌而成，平座用斗拱承托，显得层层叠叠，极富装饰性。挑檐角配以石雕龙头，口衔风铎，微风吹动，叮咚作响，使人心旷神怡，宠辱皆忘。塔的第一层高5米，直径7.7米，东西南北各辟一圭形门，东南西3门内建佛龛，北门为登塔门，由此门进入塔心，环绕而上可至塔顶端。内部采用穿心、回廊、方形壁内折和实心砌体等不同结构，十分坚固。

塔的每层均开明窗，方向和造型与圭门相同，门窗外部上方及两端镶有651块黄绿釉佛像砖。5块刻有

舍利 也就是舍利子，原指佛教祖师释迦牟尼佛圆寂火化后留下的遗骨和珠状宝石样生成物。舍利子印度语为驮都，也叫设利罗，译成中文叫灵骨、身骨、遗身。是一个人往生，经过火葬后所留下的结晶体。舍利子形状千变万化，颜色各异，光彩照人。

■ 开封铁塔

施主 僧道等称施舍财物给佛寺或道观的人，也泛称一般的在家人；道士对俗家或者香客的尊称；实行布施的主人，即指施与僧众衣食，或出资举行法会等信众。音译为檀越、陀那钵底、陀那婆，又作布施家。又梵汉兼举而称檀越施主、檀那主、檀主。

塔铭和施主姓名的釉砖，把塔身装点得绚丽多彩。这些明窗有利于采光、眺望，并能缓和强风推力，可见设计者的别具匠心。

塔的最顶端为塔刹，塔尖高指云际。紧连刹身的是伞盖，接下来上小下大的7个相轮由中心刹杆穿套支撑，塔刹下部是金属刹基，由刹杆穿过刹基与古塔相接连成一体。

崇法寺塔历经900多年的风雨剥蚀，明清虽经几次修复，仍有破损。清代末年，该塔曾遭雷击留有裂缝，1938年又遭日军炮击，残存8层，高28.9米。后来，寺塔经过大修才恢复原貌，向世人重新展现了我国古代高层建筑艺术的高超。

崇法寺塔在我国的建塔历史中具有重要的地位，是在我国建塔历史上具有特殊意义的一座塔。因为它的造型艺术是我国造塔艺术的南北两种造塔艺术融合的一种形式。

商丘位于古代南北文化交流的缓冲地带，南北

■ 宋代名刹灵岩寺

方文化的融合在这里表现得十分明显。崇法寺塔正是这种文化融合的产物。我国南方的造塔艺术多是砖砌，用砖为主的结构，但是角梁、踏步等都用木头制作。北方塔就用砖石代替，石塔比较多，好些地方都使用石头代替，用石头制作。

还有一点，就是该塔的内部结构形式有各种变化，如果按照南方塔的造型，它的角梁和踏步本来应该用木头的，但是崇法寺塔是用石质，角梁用龙头，挑出一个角梁，下面一个风铃。

宋代崇法寺塔具有很高的历史价值。众多历史名人足踏永城，曾留下不朽的诗篇。明代著名诗人李先芳由商丘入永城途中写道：

三月轻风麦浪生，黄河岸上晚波平。

村原处处垂杨柳，一路青青到永城。

阅读链接

宋代，在应天府市镇商业的基础上，城市贸易更加活跃，甚至有丝绸的大宗经营。

异地人来应天府定居的也有增无减，应天府成了当时仅次于国都东京的经济重心。加之宋朝提倡以文治国，应天府也逐渐发展成为了宋代的文化教育中心。

在当时，应天府最为著名的书院名叫"应天书院"，位于后来的商丘睢阳。应天书院为宋州虞城人杨悫所办私学。杨悫死后，他的学生戚同文继续在宋州从事教育。北宋政权建立后，实行开科取士，因这里人才辈出，百余名学子科举中第者竟多达五六十人，从学者纷至沓来。

明清时期商丘风水八卦古城

朱元璋画像

宋代以后，商丘的地位下降。金、元时期应天府更名为归德府，属于河南布政使司，由于黄河水患与历年战争，归德府的城市规模较宋代缩小了许多。1368年，明太祖朱元璋降归德府为归德州，属开封府管辖。

1502年，归德州城毁于黄河水患。次年，知州杨泰在旧城北面，以元代城墙为南城墙重筑新城。历时8年，新城于1511年基本竣工。

1511年，归德州迁城。应天书院从旧城迁往新归德府城内，建有大成殿、明伦堂、月牙池等建筑。

■ 歇山式建筑屋顶

后来，应天书院又在商丘城西北隅以社学改建，沿用旧名。但短暂的辉煌后很快又被废止。

大成殿与明伦堂位于商丘，原为归德府文庙建筑的组成部分，这两座建筑均为歇山式建筑。归德府文庙又称孔庙、夫子庙，为河南规模最大的文庙，也是我国唯一学堂建在大殿右侧的文庙，始建于明朝嘉靖年间，距今也有近500年的历史了。

大成殿为祭孔之地，殿内立有孔子和其弟子的牌位，大殿面阔7间，进深3间，为单檐歇山式木构建筑。大殿前后墙壁原为辟格扇门和坎窗。

明伦堂为明清归德州府儒学所在地学堂，也是应试地，在大成殿西30米处，是历代封建社会对圣人对先师孔子的朝拜祭祀之处，是尊孔儒师们"宣教化、育贤才、善民俗"的讲学之所。

1513年，归德州城又增建了四门外楼。1537年夏，黄河水在商丘决口，河水泛滥，灌归德州城。此

布政使司 也就是承宣布政使司，其是明清两朝的地方行政机关。明朝时为国家一级行政区，简称为布政使司、布政司、藩司，俗称"省"，负责一级行政区的民事事务。布政使司还设左、右承宣布政使各一人，就是一级行政区最高行政长官。布政司、提刑按察使司、都指挥使司合称为"三司"。

八卦 八卦起源于人文始祖伏羲，八卦表示事物自身变化的阴阳系统。用"—"代表阳，用"--"代表阴，用三个这样的符号，组成8种形式，表示事物自身变化的阴阳系统。乾代表天，坤代表地，坎代表水，离代表火，震代表雷，艮代表山，巽代表风，兑代表泽。八卦互相搭配又得出六十四卦，用来象征各种自然现象和人事现象。

后，由于河水漫流，归德州一带灾害连年，直至清代时黄河水向北迁徙，商丘一带才少有黄河水灾。

归德州城后经过多次修补完善，直至1540年在城墙外约500米的圆周上筑起新的城郭才形成城墙、城湖、城郭三位一体的独特格局。归德州城城门为拱券式，建有东西南北四门，互不相对，各自错开方向，所以归德州城有"四门八开"之说。

此外，在归德州城的南门两侧建有两个水门，将水排进护城河。宽阔的护城河环绕全城。城南河面较宽，南北500多米，东西1.3千米，水下叠压着春秋宋国都城、秦汉和隋唐时期的睢阳城、宋朝的应天府南京城、元朝的归德府城等6座都城、古城。

归德州城内地势呈龟背形状，砖城内面积1130平方米，93条街道的总体格局形如棋盘与方孔圆钱，内

■ 微子祠明伦堂

■ 明伦堂

方外圆，在古代的八卦学寓天圆地方，天地相生，招财进宝之意。

1545年，归德州升为归德府。

1612年，归德府的知府郑三俊重建微子祠，使其形成规模。

微子祠始建于唐代天宝年间，后经历代毁坏，历代重修。整座祠院占地面积6650平方米，南北长70米，东西宽95米，由微子祠、先贤堂和微子墓3个院落组成。微子祠位于中间，占地2450平方米，南北长70米，东西宽35米。在微子祠的东西两侧分别为先贤堂和微子墓，占地面积都是2100平方米，南北长70米，东西宽30米。整座院落设计科学，布局合理，环境优美。

微子祠后来被辟为景区，景区由微子祠、先贤堂和微子墓3部分组成。微子祠居中，存有过厅、照

照壁 我国传统建筑特有的部分，明朝时期特别流行。一般来讲，照壁是指在大门内的屏蔽物，古人称为萧墙。在旧时，人们认为自己宅中不断有鬼来访，修上一堵墙，以断鬼的来路。另一说法为照壁是中国受风水意识影响而产生的一种独具特色的建筑形式，称影壁或屏风墙。

宰相 是辅助帝王掌管国事的最高官员的通称。宰相最早起源于春秋时期。管仲就是我国历史上第一位杰出的宰相。到了战国时期，宰相的职位在各个诸侯国都建立了起来。"宰"的意思是主宰，"相"本为相礼之人，字意有辅佐之意。"宰相"联称，始见于《韩非子·显学》。

■唐代祠堂

壁、东西厢房，两厢房之间有一铜质巨型香炉。香炉往北15米处放一三檐铸铁熏炉，熏炉向北为祭祀台，台正中放一大型铜质香坛。祭台北端座落微子祠。

微子祠东侧是先贤堂，有大殿，殿内供奉着宋氏先祖的牌位。两侧有碑廊。西侧是微子墓，有碑亭、神道、石像生和墓冢等，建筑布局精巧别致。

明代嘉靖年间以后至清代初年，归德府城内出过大学士，也就是宰相、尚书以及十几位侍郎、巡抚、吏卒、总兵以及著名文人，因此，归德府城内不仅四合院鳞次栉比，官府、官宅以及名人建筑也很多。

归德府城著名的壮悔堂就是侯方域所建，是他曾经的著书之处。壮悔堂庄重典雅，古色古香。

五脊之上形态别致、姿势各异的奇兽独具风采。楼里门窗和格扇的镂花剔线精致。26根圆柱上龙凤浮雕栩栩如生，根根圆柱同62根横梁巧妙扣合的木质

■ 清代建筑模型

结构浑然天成，使楼的内部骨架形成了一个完善的整体，即使拆去四壁，楼堂仍安然无恙，建筑技巧令人叫绝。

清代末期，归德府出现了陈、蔡、穆、柴、尚、孟、胡"七大家"。穆炳坛家族兄弟8人有田千顷，为清代归德府城内的一家富商，是当时的"七大家"之一。穆氏四合院便是穆炳坛家族的故居，也是商丘比较完整、最具有代表性的四合院建筑群之一。

穆炳坛所盖的四合院结构大方造型别致，穆氏四合院分前后两院，按照传统的建筑形式，坐北朝南，以中轴线为中心，左右对称，前低后高的形式而建，反映了长幼有序、男女有别的封建礼制。

前院侧房放置车马、轿子等物。正中是通往中宅

四合院 华北地区民用住宅中的一种组合建筑形式，是一种四四方方或者是长方形的院落。一家一户，住在一个封闭式的院子里。四合院建筑，是我国古老、传统的文化象征。"四"代表东西南北四面，"合"是合在一起，形成口字形，这就是四合院的基本特征。

■商丘古城城门

的建筑。中宅院正堂屋5间，进深3间，东西厢房各3间。正堂屋是供主人使用的客房和书橱。厢房通常是杂用间和男仆的住处。

后院为后楼，是全院的核心建筑，也是全宅的生活区。它上下两层，双层屋顶，五脊六兽。室内用博古架隔扇划分空间，上部装纸顶棚，门窗皆用巨木雕刻，玲珑剔透，花草人物图案形象生动，不拘一格，千变万化。

阅读链接

据史料记载，归德府于1558年全面修缮建成时，四城墙均高6米，顶宽6米，周长约4.3千米。四城门：南为拱阳门，门洞全长21米，台高8米，北为拱辰门，东为宾阳门，西为垤泽门。各门上建有城门楼。四门外各建有扭头门一座。

城墙四面共有9座敌台，西门向南的第一个马面呈半圆形建筑，其余皆呈凸出墙外马头形。城墙上城垛口3600个。城墙角各有一处角台，形制相同，大小不等。

城墙外3.5米为护城河，宽处500米，窄处25米，水深1至5米，绕城一周。护城河外550米处的护城土堤，基宽20米，顶宽7米，高5米，周长9千米。

古都洛阳

古都洛阳位于河南西部，因地处古洛水北岸而得名，有着数千年文明史、建城史和建都史。从夏朝开始，先后有夏商、西周、东周、东汉、曹魏、西晋、北魏、隋、唐、后梁、后唐和后晋13个王朝在此建都。

洛阳历史曾用名或别名：斟鄩、西亳、洛邑、洛师、成周、王城、雒阳、中京、伊洛、河洛、河南、洛州和三川等。

洛阳是我国历史上唯一被命名为"神都"的城市，也是我国建都最早、朝代最多和历史最长的都城。

先秦时成为群雄必争之地

古都洛阳北靠邙山，南向伊阙，东靠虎牢关，西靠函谷关，洛水穿流而过，四周群山环绕、雄关林立，因而有"八关都邑""山河拱戴，形势甲于天下"之称和"八方辐辏""九州腹地"与"十省通衢"之说。

洛阳青铜侍者俑

洛阳在我国历史上是历朝历代诸侯群雄逐鹿中原的必争之地，远古羲皇、女娲、黄帝、尧、舜和禹等神话，也多传于此。据传，洛阳城是我国最早的历史文献《河图洛书》的出现地和人文始祖羲皇的祭祀地。

《河图》与《洛书》两幅远古流传下来的神秘图案，历来被认为是河洛文化的开端，是中华文化阴阳五行术的源头。如太极、八卦、周易、六

甲、九星和风水等古老文化，都可追溯到《河图》与
《洛书》。

　　在羲皇之后，五帝中的帝喾及他儿子挚都曾建都
于亳邑，就是后来的洛阳偃师城关。到了夏朝，洛阳
一带更是夏民族建邦立国的腹地。夏朝第一位国王
禹，最早建都在阳城，后来迁都到阳翟。阳城在登
封，阳翟在禹州，都离洛阳不远。

　　洛阳偃师二里头一带，曾是夏代帝王太康、仲康
和夏桀都城斟鄩的所在地，其都城规模宏大，总面积
3.75平方千米，内有大型宫殿。

　　公元前16世纪，夏亡商立。商汤攻下夏都斟鄩之
后，在夏都附近另建了一座新都，史称"西亳"。西
亳在洛阳偃师一带，北依邙山，南临洛河，是控制东
西的交通要道，其布局主要强调了以王权为中心的统
治理念。

　　西亳宫城西部宫殿建筑遗址平面为长方形，东西
长51米、南北宽32米，用夯土筑成，是以正殿为主

《河图》 传说
中伏羲通过龙马
身上的图案，与
自己的观察，画
出的"八卦"，
而龙马身上的图
案就叫作"河
图"。八卦源于
阴阳概念一分为
二，文王八卦源
于天文历法，但
它的"根"是
《河图》。

■ 周代贵族武器

《竹书纪年》
相传为战国时魏国史官所作，记载自夏商周至战国时期的历史。竹书纪年是编年体史书，原书13篇。记载先秦时期的历史，与传统正史记载多有不同，对研究先秦史有很高的史料价值。竹书纪年的诸多记载也同甲骨文、青铜铭文相类，是现知最早的一套年代学的系统。

体，东、西和南三面有廊庑的封闭式宫殿建筑。在整个建筑的外围，还有一道厚约2米的围墙，将宫殿建筑封闭起来，自成一体。

据战国时魏国史官所著史书《竹书纪年》记载，商朝自盘庚实行双都制后，商朝曾两次在西亳建都。既有南都西亳城，就是后来的洛阳，又有北都殷城，就是后来的安阳，洛阳与安阳成了姊妹都城。

在商朝末年，我国西部的一个历史悠久的周族部落崛起了，势力相当强大。周族原是与夏族和商族同称为我国原始社会末期的三大部族，夏、商两朝时期，周是其属国。

后来，周武王姬发决心灭掉商朝，于是他在公元前1066年率众东下，经洛阳北部孟津渡河，一举推翻了商朝的统治，商亡周兴，定都镐京，就是陕西西安，史称"西周"。

西周初建后，周武王决定在洛阳白马寺东南处另建一座城邑，也就是洛邑。可他还未来得及营建，第二年就于镐京病故了。他的儿子周成王即位，因其年幼，他的叔父周公辅佐代政。

后来，周公按照周武王的遗愿营建了规模浩大的洛邑。这一次，西周王朝在洛阳营建了两座城堡，一座是王城，另一座是成周。两座城以海河为分界线，东西相距10多千米，东边的成周城又名下都，在白马寺东的霍泉以南；西边的叫王城，在涧河两岸。

西周因实行一国两都制，正式国都为镐京，在陕西西安，称为宗周。而洛邑在河南洛阳，作为周朝的陪都，称为成周。在当时，洛邑和镐京两个都城都设有最高官署的卿事察。周公在洛邑辅政，周武王的弟弟召公在镐京辅政。

据史料记载，洛邑城东西"六里十一步"，南北"九里一百步"，城内有大庙、新造、滤宫、室榭和

盘庚 又名殷庚，商代第二十位国王，是一位很有作为的国王，他为了改变当时社会不安定的局面，迁都到殷（今河南安阳小屯村）。在那里整顿商朝的政治，使衰落的商朝出现了复兴的局面。

■ 洛阳出土的错金银铜鼎

周公 姓姬，名旦，又称周公旦，也称叔旦，谥"文公"。他是周代周文王的儿子，是西周初期杰出的政治家、军事家和思想家。他曾先后辅助周武王灭商、周成王治国。他制订和完善宗法、分封等各种制度，使西周奴隶制获得进一步的巩固。

■ 周代天子权利的象征——六驾马车

各大室等，相当壮观。王城作为周公召见诸侯和处理政务之地，他常居王城。成周城是大臣们居住和处理政务的地方，也是商末贵族被管制的地方，周公曾率八师兵力戍卫在此。

周成王执政的第五年，他迁都于成周，并将象征王权的重器九鼎也迁到了成周。自此，周康王、周昭王、周穆王、周共王和周懿王诸王均曾在这里主政，洛邑从此成了西周王朝的东方重镇。

在西周时期，由于周公施以仁政，洛邑迅速发展为"富冠海内，皆为天下名都"。洛邑当时出现了采用竖式鼓风炉进行熔炼和铸造工艺流程复杂的青铜冶铸作坊。商业经济出现了前所未有的繁荣，成为四方贡纳的集中点和商品贸易的聚散地。周公死后，他的儿子君陈承袭周公的职位，继续镇守在洛邑。后来，在周幽王时期，关中发生大地震，灾难严重，加之内政腐败，社会黑暗，宫廷分裂，周幽王于公元前771年被杀。

公元前770年，少数民族犬戎攻破镐京，经大肆掠夺后，西都镐京被抢劫一空，难以成都。镐京当时处于西北犬戎人的威胁之下，而周朝兵力又不强。为了避开犬戎的侵袭，周平王废弃了镐京，全部迁都于洛邑，史称"东周"，直至公元前257年为秦所灭。

东周都城洛邑扩建后，北墙全长约2.9千米，墙外有护城壕沟；东墙长约1千米；西城墙迁回长约3.7

犬戎 我国古代一个少数民族名，即猃狁，也称西戎。西周中期以来，随着周王朝实力的削弱，共、懿、孝、夷四王仅能守成，而西北地区的戎狄逐渐兴盛。特别是猃狁，进一步加强对周朝的压力，不时入侵。周宣王时期曾经打败犬戎。犬戎后来被秦国所灭。

千米；南城墙城周约15千米。城内宫殿建筑，排列有序，廓城四周各有3个城门，每门有3条路。王宫建筑在中央大道上，城内布局完全按照奴隶制的礼制设计，城外南郊还设有明堂。

在东周时期，洛邑又新出现了一些如制骨、制陶和石料场等手工作坊，农业也有了较大的进步，仅洛邑就有74座储粮仓窖。

公元前518年，儒家学派创始人孔子曾到周都洛邑向老子求学，他们谈天说地、纵横古今，被后世传为佳话。

■周代宫廷编钟

在战国时期，洛河名叫洛水，因洛邑位居洛水之北，"水北为阳"，所以洛邑也就改名叫洛阳，并一直沿用。

传说，远古时，在洛阳东北孟津县境内的黄河中浮出龙马，龙马将它背负的"河图"献给了羲皇。羲皇正在茫然之际，忽见龙马，便顿觉茅塞顿开，这龙马的形态与自己心中的意念不谋而合。于是他依据龙马身上的图案，而演成八卦，后来八卦又成为《周易》的来源。

据我国古代哲学书籍《易·系辞上》记载："河出图，洛出书，圣人则之。"河图上，排列成数阵的黑点和白点，蕴藏着无穷的奥秘。洛书上，纵横斜3条线上的3个数字，其和皆等于15，十分奇妙。

东汉时期成为政治经济中心

　　秦代时，秦始皇在洛阳设置三川郡，成为全国40郡之首，郡治设成周故城，统辖洛阳及三门峡等地。当时，洛阳在军事上是"秦陇之襟喉"和"四方必争之地"，先后为文信侯吕不韦和河南王申阳的封邑。

　　西汉时期，三川郡改为河南郡。"河南"正式成为行政区划中的一个地理名词。汉高祖刘邦曾以洛阳为都数月，意图建都洛阳。

　　后因谋士张良等认为洛阳"虽有此固，四面受敌，非用武之国"，而"关中左肴右函，陇蜀沃野千里，阻三面而固守，独一面以制诸侯"，西汉正式建都于咸阳。

　　新莽末年，海内分崩，刘秀在家乡

■ 刘秀（前5—57），东汉开国皇帝，著名的政治家、军事家。新莽末年，刘秀在家乡乘势起兵。公元25年，刘秀在河北登基称帝，以"汉"为其国号，史称"东汉"。刘秀在位33年，成就了历史上"风化最美、儒学最盛"的时代。

古都遗韵

古都的厚重历史遗韵

■洛阳古迹白马寺

乘势起兵，他就是后来的汉世祖光武皇帝。公元22年，汉延宗更始帝刘玄建立更始政权后，建都于洛阳，次年迁都长安。

公元25年时，刘秀与更始政权公开决裂。后来，刘秀迫降了数十万铜马农民军，实力大增，当时关中的人都称河北的刘秀为"铜马帝"。刘秀在众将拥戴下，登基称帝于河北鄗城，即河北邢台。

为了表达刘氏重兴汉室之意，光武帝刘秀改元"建武"，仍以"汉"为其国号，史称"东汉""后汉"。光武帝定都洛阳。自此，在196年的统治中，其中有14个皇帝以洛阳为都，共有165年之久。

东汉时期的洛阳为天下名都，洛阳城最初是刘秀在周代成周城、秦三川郡治基础上营建起来的。此后，洛阳一直是全国政治上举足轻重、经济和文化繁荣发达的都市，曾一度为世界第一流的大城市。

洛阳城垣绵亘断续，高出地面一两米，部分高出

5至7米，城址呈不规则长方形，周长约14千米。建有城门10余座，城内外宫殿建筑布局完全按照奴隶制礼制设计，宫城建筑分南北两宫。

南宫为议政的皇城，宫殿楼阁鳞次栉比，朱雀门宏伟壮观，峻极连天；北宫为皇宫寝居的宫城，崇楼高阁，风景秀美，规模最大的德阳殿，"周旋容万人，阶高二丈，画屋朱梁，玉阶金柱，四十五里外观之与天地"。

■洛阳汉代石刻

洛阳城有纵横24条街，街的两侧种植栗、漆、梓、桐四种行道树。官署民宅星罗棋布。东汉恢复对西域的统治后，为了保卫"丝绸之路"的顺畅，促进我国和中西亚各国的经济文化交流。朝廷在洛阳城内建有招待四方夷族和外国使臣的胡桃宫。

在洛阳城西有我国最早的佛寺白马寺，我国僧院从白马寺开始便泛称为寺，因此白马寺被尊为"祖庭"和"释源"。在洛阳城外南郊有我国古代的最高学府太学、国家天文台灵台以及太庙明堂和辟雍。

光武时期是儒学最盛的时代。光武帝建国后，他继承了西汉时期独尊儒术的传统，在洛阳偃师修建了面积达5万平方米的太学，设置博士，各以家法传授诸经。他还常到太学巡视和学生交谈。在他的提倡下，许多郡县都兴办学校，民间也出现很多私学。

辟雍 也作璧雍，本为西周天子为教育贵族子弟设立的大学。取四周有水，形如璧环为名。南为成均，北为上庠，东为东序，西为瞽宗，中为辟雍。其中以辟雍为最尊。西汉以后，历代皆有辟雍，除北宋末年作为太学之预备学校外，多为祭祀用。北京国子监内的辟雍，就是乾隆时期建造的，作为皇帝讲学之所。

古都遗韵

古都的厚重历史遗韵

■ 王莽（前45—23），字巨君，新朝建立者，即新始祖。王莽谦恭俭让，礼贤下士。西汉末年，社会矛盾激化，王莽被看作"周公再世"。公元8年，王莽代汉建新，建元"始建国"，宣布推行新政，史称"王莽改制"。

王充 字仲任，先祖从魏郡元城迁徙到会稽。王充年少时就成了孤儿，乡里人都称赞他孝顺。后来到京城，到太学里学习，拜扶风人班彪为师。《论衡》是王充的代表作品，也是我国历史上一部不朽的无神论著作。

光武帝巡幸鲁地时，曾遣大司空祭祀孔子，后来他又封孔子后裔孔志为褒成侯，用以表示他尊孔崇儒。

同时，鉴于西汉末年的一些官僚、名士醉心利禄，依附于王莽代汉，光武帝对于王莽时期这些隐居不仕的官僚、名士加以表彰、礼聘，并表扬他们忠于汉室、不仕二姓的"高风亮节"。

东汉时期科学文化繁荣昌盛，我国古代四大发明中造纸术的改造者蔡伦试制的"蔡侯纸"，天文学家、地理学家张衡创制的浑天仪、候风仪和地动仪，科学家马均发明的指南车、记里鼓车、龙骨水车，等等，都是在洛阳研制成功。

文学家许慎著有《说文解字》，哲学家王充作有《论衡》，史学家班固、班昭兄妹著有我国第一部体例完备、内容丰富的断代史《汉书》等，也都成书于洛阳。

当时，今文经学与古文经学争论激烈，公元79年时汉章帝刘炟曾特意在白虎观大会群儒，议五经异同，并命班固编成《白虎通义》书，作为定论。太学门前所立"熹平石经"就是当时的官定样本。

此外，我国唯一的"林、庙"合祀的古代经典建筑就位于洛阳城南，此庙为祭祀以忠义和勇猛见称的东汉末年名将关羽而建，俗称"关林庙"。

关林庙占地12万平方米，舞楼、大门、仪门、拜殿、大殿、二殿、三殿、奉敕碑亭和关冢，构成了关林庙巍峨宏大的建筑格局。其主体建筑上的龙首之多，为中原之最。

关林庙正门为五开间三门道，朱漆大门镶有81个金黄乳钉，享有我国帝王的尊贵品级。殿宇盖显高耸、飞翅凌空、气势峥嵘。厅中塑有关羽头戴12冕旒王冠，身着龙袍的坐像。

东汉末年，汉王室衰落。随后董卓进京，逼宫杀帝。曹操当时已是军中高级将领，因拒绝董卓拉拢，被迫逃出洛阳。之后，他号召天下英雄讨伐董卓，迅速得到关东各路英雄的响应。

董卓闻讯后，将汉献帝刘协和洛阳民众迁往长安，就是后来的陕西西安，并于190年一把大火焚烧了洛阳宫室，洛阳都城的大部分建筑被付之一炬。

在196年的时候，被董卓劫持到西安的汉献帝在董卓死后，历尽千辛万苦，又回到了当时仍旧是一片废墟，而且破败不堪的首都洛阳。在洛阳，汉献帝和百官们的饮食起居，形同乞丐。

曹操得知这一消息后，在8月时果断地采纳了谋士毛玠"奉天子以令不臣"的建议，派兵进驻洛阳。曹操控制了刘协，并迁都许昌，"挟天子以令诸侯"。

汉献帝 刘协，字伯和，又字合。汉灵帝第三子，汉朝最后一任皇帝。初封陈留王，189年董卓废刘辩，立刘协为皇帝。196年，曹操控制了刘协，并迁都许昌。220年，曹操病死，刘协被曹丕控制，随后被迫禅让于曹丕。234年，刘协病死，葬于禅陵，谥号孝献皇帝。

■ 汉代武士复原像

古都遗韵

古都的厚重历史遗韵

219年，魏王曹操回到已经荒废的帝都洛阳，下令重建北部尉廨，就是他曾经在洛阳做县尉时的官署、兴修建始殿，也就是汉都洛阳的宫殿。但洛阳重建还没完成，220年正月曹操就在洛阳病逝世了。随后，曹操之子曹丕，就是后来的魏文帝继任丞相、魏王。此后，曹丕受禅登基，以"魏"代"汉"，史称"曹魏""汉魏"，定都洛阳，历时46年。

魏文帝修复洛阳城后，洛阳城的面积达到了4万平方米。考古发现，其中心建筑为一座高8米，南北41米，东西31米的方形夯土高台。

明堂遗址位于灵台遗址东，主体建筑南北64米，东西63米，厚2.5米。辟雍遗址在明堂遗址东侧，长宽各170米，由4个不同方位的"品"字形夯基构成。

魏文帝在位时，他下令人口达十万的郡国每年察举孝廉一人，重修孔庙，封孔子后人为宗圣侯，恢复太学，置五经课试之法，设立春秋谷梁博士。由于他力推儒学文化。魏国在短期内复兴了封建正统文化。

后来，魏明帝曹叡继位后，曹魏与蜀汉、东吴多次发生战事。魏明帝重用曹真、张郃、司马懿、满宠等名将作战，都成功

■ 魏文帝（187—226），曹丕，三国著名的政治家、诗人，曹魏的开国皇帝。《燕歌行》代表他最高的诗歌成就。《燕歌行》采用乐府体裁，以句句用韵的七言诗形式写作，是我国最早最完整的七言诗。

洛阳汉代石马

地抵御了这些内外战争。

235年，蜀汉丞相诸葛亮死后，魏蜀边境上的情况有所减缓。

238年，魏明帝命司马懿平定了辽东。之后，又开始在魏都洛阳城的西北角大兴土木，建了一座豪华峻丽的金墉城，由3座毗连的小城组成，平面呈目字形，南北约1千米，东西250米，城外有河水环绕。

阅读链接

东汉政权建立以后，光武帝又逐步扫平了各方势力，最终统一全国。他在位期间，励精图治，偃武修文，中央集权，归于尚书，简化机构，裁减冗员，抑制豪强势力，实行度田政策，社会经济逐渐得到恢复并兴盛，史称"光武中兴"。

同时，光武帝还特别注意民生，与民休息，释放奴婢和刑徒，整顿吏治，提倡节俭，薄赋敛，省刑法，等等。各项政策措施，都不同程度地实行，使得垦田、人口都有大幅度的增加，从而为东汉前期80年间国家强盛的"明章之治"奠定了物质基础。

北魏至唐武周时期的京都

　　386年，拓跋珪改国号"魏"，建都平城，就是后来的山西大同。史称"北魏"。

　　439年，太武帝拓跋焘统一北方。493年，北魏孝文帝拓跋宏决定迁都洛阳，皇帝改姓元。

　　孝文帝迁到洛阳后，将洛阳扩建为外郭、内郭和宫城3部分。内郭

北魏帝王墓

隋唐洛阳城池图

城为汉魏晋时旧城，宫城总范围南北1398米，东西660米。城内经纬通达，宫城南面的东西大街将京城划为南北两部分，与此交叉的铜驼街，从宫城南出，为京城中心大道。

朝廷衙署和社庙分布于京城中心大道两旁。城内外300多个里坊，整齐划一，而且有严格的管理制度，其后为隋唐长安和洛阳城所效仿。城南扩建有金陵、燕然、扶桑和崦嵫四夷馆。

东魏、西魏以后，洛阳一带因战乱而沦为废墟。581年，北周静帝宇文阐禅让帝位于杨坚，杨坚就是隋文帝，建国隋朝，定都大兴城，就是后来的西安。隋朝结束了自东晋末年以来长达近300年的分裂局面。

604年，隋炀帝杨广继位后，决定迁都洛阳。隋炀帝认为"洛阳自古之都，王畿之内，天地之所合，阴阳之所合，控以三河，固以四塞，水陆通，供赋等"，是帝王建都的理想之地。同年，隋炀帝杨广巡视洛阳，并下令在洛阳故王城东，汉魏城以西9千米

■ 隋唐时期的洛阳城池图

孝文帝 魏孝文帝拓跋宏，是献文帝拓跋弘的长子，北魏王朝的第六位皇帝，原名拓跋宏，后改为元宏。杰出的政治家、改革家。即位时仅4岁，490年亲政后，进一步推行改革。孝文帝的改革，对各族人民的融合和各族的发展，起了积极作用。

古都遗韵

古都的厚重历史遗韵

■李世民（599—649），唐太宗，唐朝第二位皇帝，在位23年，年号贞观。他不仅是著名的政治家、军事家，还是一位书法家和诗人。626年登基后，开创了著名的贞观之治，被各族人民尊称为天可汗，为唐朝全盛时期的开元盛世奠定了重要基础。

禁苑 唐朝三座宫城之外又有三座大型范围，分别为西内苑、东内苑和禁苑。三苑之中，禁苑的规模最大。禁苑原是隋代大兴苑。因其中又包含东内苑、西内苑两个小苑，故也称为"三苑"。

之处营建东京。

历时1年，一座周长达27千米的宫殿苑囿都城拔地而起。隋都洛阳城分宫城、皇城和外郭城等。外郭城也称罗城，是官吏的私宅和百姓居住之地，设3市103坊，布局状如棋盘。

宫城又名紫微城、太初宫，位于都城的西北角，是议事殿阁和宫寝所在地，宫城四面有10个城门。皇城又叫太微城，环绕宫城东、西、南三面，为皇戚府第和衙署所在地。

为了沟通江南经济地区、关中政治地区与燕、赵、辽东等军事地区的运输与经济发展，隋炀帝于605年推动隋唐大运河的建造，从而使洛阳成为南北交通枢纽，洛阳也迅速成为了国际性商业都市。

唐朝立国之时，全国还没有统一。621年，唐高祖李渊之子秦王李世民率兵东征，威逼洛阳。

李世民在王世充献出东都后，严令大军不得杀戮，商肆由亲军严守，战士以功行赏，保证了东都洛阳百姓的生命财产。

在唐代，洛阳的行政区变化很大。但河南郡改为都畿道河南府，仍以洛阳为中心。辖区比隋朝的河南郡有所扩大，加入了后来的禹州、新密、洛宁、济源、温县和孟州。

627年，秦王李世民继唐高祖李渊之位，史称唐太宗。他在位期间，任用贤能，从善如流，闻过即改，开创了初唐盛世的局面。在他即位不久，便在洛阳举行第一次科举考试，以达到招贤纳士、选拔人才之目的。

此外，唐太宗还下诏改洛阳为洛阳宫，并修洛阳宫，以备巡幸。他曾3次去洛阳处理政务及外事，在洛阳宫居住处理政务达2年之久。

649年，唐太宗驾崩，他的儿子李治继位。李治就是唐高宗。657年，高宗与武则天率满朝文武来到洛阳宫，改洛阳宫为东都。

上阳宫是唐高宗时期修建的毗连于宫城西的大型宫苑型离宫，又称"西苑"。当时洛阳花圃极盛，西苑也是我国历史上著名的禁苑。西苑北起邙山，南至伊阙诸山，西止新安境内，周围114千米。其内造16院，名花缘草，冬日也剪彩为荷。人造海中的仙山高出水面30多米。

后来，唐高宗因病懒于朝政，武则天便逐渐掌握了大权。在武则天执政的半个世纪中，社会经济快速发展。

702年，武则天于庭州置北庭都护府，就是后来的新疆吉木萨尔北破城子，取代金山都护府，管理

李治 字为善，唐太宗李世民第九子。643年，被册立为皇太子。649年即位于长安太极殿，唐朝第三任皇帝，开创了有贞观遗风的永徽之治。唐代的版图，以高宗时为最大。李治在位34年，驾崩后葬于乾陵，庙号高宗，谥号天皇大帝。

■武则天（624—705年），女政治家和诗人，我国历史上唯一正统的女皇帝，也是年龄最大、寿命最长的皇帝之一。683年，她作为唐中宗、唐睿宗的皇太后临朝称制，后自立为皇帝，定洛阳为都，改称神都，建立武周王朝。

西突厥故地，仍隶属于安西都护府，巩固了唐朝中央政府对西域地区的管辖。

在神都宫城中，最为壮观雄伟的为应天门北乾元门内的正殿乾元殿，武则天用作明堂后称万象神宫，是进行大朝会、上尊号、大赦、改元、献俘等礼仪活动的重要殿堂。

明堂有上、中、下3层，上施铁凤，高3米余饰以黄金。中有巨木10围，上下贯通，下施铁渠，为辟雍之象。

在神都宫城四面有10个城门，其中有一座名叫"应天门"的正南门，在都城门中最为尊崇，若冬至，除旧布新，当万国朝贡使者等重大庆典时，皇帝均登临其上。武则天的登基大典就是在此门举行。而且皇帝们接见外使也常在这座门上。

应天门由门楼、朵楼、阙楼、廊庑等部分组成。朵楼为方形夯土台基，外砌土衬石及散水石。在朵楼东西里侧，紧贴城墙有登楼的上下马道，宽约5米。阙楼东西宽约32米，连接朵楼与阙楼之间的廊庑长38米，宽约11米，高约4米。夯土基础两侧分布着整齐的柱洞，洞外侧砌有青石基础，以腰铁相连。

■隋唐洛阳城国家遗址公园

在神都城南还设有四方馆，以接待四方来客。在皇城外东北角的嘉仓城建有当时全国最大的地下粮仓，储粮量达1亿多千克。在城外还有洛口仓和回洛仓等，为京都储纳或转运粮食。

洛阳漕运非常发达，隋运河开凿，以洛阳为中心，西到长安，东至海南达余杭，北抵源郡。洛阳城内渠道如网，处处通漕。北市开一新潭，经常有万余艘舟船停泊于此，商贩贸易，异常繁荣。

隋唐大运河图示

在这一时期里，著名文学家、诗人李白、杜甫、白居易、贺知章、王昌龄、韩愈、张说、刘希夷、刘禹锡和李贺等均有描绘洛阳的优美隽永的诗文传世。在上清宫、天宫寺、福先寺等有画圣吴道子创作的壁画，其"吴带当风"的风格为当世所推崇。

725年，唐朝画家、天文仪器制造家梁令瓒与高僧一行用铜铸造了著名的浑天铜仪外，他还制造发明了全世界最早的自动报时的机械钟。高僧一行实测子午线及撰新历《大衍历》使天文历算又出现了一个新的高潮。

洛阳寺庙林立，多教汇聚于此地。尤其佛教在洛

吴道子 又名道玄，唐代画家，画史尊称吴生。他从事壁画创作，后以善画被召入宫廷。他擅长佛道、神鬼、人物、山水、鸟兽、草木和楼阁等绘画，尤精于佛道和人物的壁画创作。

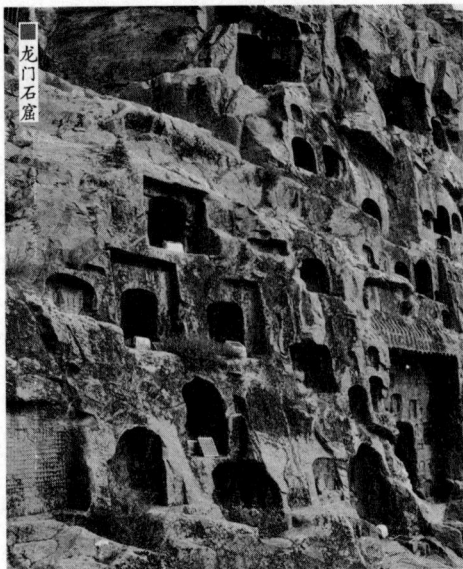
龙门石窟

阳又达到高峰，佛、道、儒三家渗透融合，使佛教的经论、仪规、造像几乎完全中国化。唐立寺造像靡费巨额，龙门石窟中规模最大、雕造极精的奉先寺石窟，就是这时期雕琢艺术水平的最高代表。

唐玄宗后期，由于他怠慢朝政，宠信奸臣，加上政策失误和重用安禄山等佞臣，导致了后来长达8年的安史之乱，为唐朝中衰埋下了伏笔。"安史之乱"后，唐朝的中央权力被大大削弱，而节度使的权势越来越大，最终形成割据势力导致了唐朝的覆灭。

古都遗韵

古都的厚重历史遗韵

阅读链接

北魏时期推崇佛教，城内外佛寺达1367所，其中以皇家首刹高达270米的永宁寺木塔最为壮丽。北魏晚期，由于胡灵太后大力推行佛教，使当时的佛教盛极一时，在她的支持下，北魏时期在洛阳兴建了许多石窟，如希玄寺和广化寺。

希玄寺位于洛阳巩义，仅佛像就有7743座。其中，《帝后礼佛图》是我国唯一的石刻图雕，具有极高的价值。

广化寺位于洛阳龙门石窟，建有高山门、天王殿、伽蓝殿、三藏殿和地藏殿5大建筑。

相继作为后梁后唐后晋的都城

901年，宣武节度使朱温晋封梁王后，通过历年征战，势力更加庞大。904年，他发兵长安，挟持唐昭宗李晔迁都洛阳。

之后，朱温仍担心唐昭宗有朝一日东山再起，就谋害了唐昭宗，然后又借皇后之命，立13岁的李柷为帝。李柷就是唐哀帝。

907年，朱温更名为朱晃，就是后来的梁太祖。他在废掉唐哀宗后自立为皇帝，改元开平，国号"大梁"，史称"后梁"。朱温即位后，他升汴州为开封府，就是后来的河南开封，建了后梁的西都。从此，唐朝灭亡。

909年，梁太祖迁都洛阳。由于他与占据太原的沙陀贵族李克用、李存勖父子连年征战，损耗了大量的人力和财物，逐渐丧失了军事上的优势。后因他晚年未定皇

洛阳出土的武士

位继承人，皇室内部矛盾尖锐。

912年，梁太祖营寨被李存勖夜袭后，他退到了洛阳，而且病入膏肓。913年，梁太祖四子朱友贞继位，又迁都开封。他就是梁末帝。之后，双方多次交战，均以梁末帝失败告终。但晋军也因此战元气大伤，梁晋战争沉寂了一段时期。

923年，晋王李存勖在魏州，即河北大名称帝，国号"大唐"，史称"后唐"，他就是后唐庄宗。后唐乘后梁西攻泽州，派大将李嗣源率骑5000袭击郓州。后梁启用王彦章为帅，北讨后唐，结果被俘斩。923年，后梁灭亡。

923年，后唐庄宗李存勖迁都洛阳，改西都为洛京，后又称东都。后来，由于唐庄宗宠用宦官，重用伶人并委以军国大事，朝廷上下离心离德，将士百姓怨气冲天。唐庄宗最终在926年死于兵变。

后唐末年，后唐河东节度使石敬瑭在晋阳，就是在后来的山西太原起兵。由于他的势力不足以与后唐对抗，于是他后来勾结契丹，认辽太宗耶律德光为父，并将幽云十六州拱手献给契丹，另加岁贡帛30万匹。

936年，在辽太宗耶律德光的帮助下，石敬瑭攻入洛阳，灭掉了后唐。随后，辽太宗耶律德光册封石敬瑭为大晋皇帝，建都洛阳，国号"晋"，史称"后晋"。

古都遗韵

古都的厚重历史遗韵

■ 洛阳出土的宋代砖刻

后晋高祖死时，立他的侄子石重贵为继承人，他登基后决定渐渐脱离对契丹的依附，于是他首先宣称对耶律德光称孙，但不称臣。

自944年契丹伐晋，连续两次交战，互有胜负。947年，契丹再次南下，后晋重臣杜重威降契丹，石重贵被迫投降。后晋之后，后汉、后周相继将开封作为国都，则把洛阳作为陪都。

自后梁起，后唐、后晋相继建都于洛阳，均以后梁河南尹张全义修葺的宫城为都，城郭规模、建筑布局无大改观，皇城、宫城远非隋唐洛阳盛况，城周长五十二里九十六步。

由于战乱和朝代的频繁更迭，洛阳的历史从此走到了衰落的阶段。至北宋时期，宋太祖赵匡胤在汴京称帝后，洛阳再未做过国都。但它仍然保留了其河南府仍以西京洛阳为中心，管辖后来的巩义、登封、渑池、偃师、孟津、伊川、新安、宜阳、洛宁和嵩县。

作为北宋的陪都，其城郭、宫室和清渠经多次修葺，仍保持五代时旧观。由于年久失修，加之后来金人入主中原，尽焚宫阙，这座古城最后荡然无存。

洛阳名园林立，有"天下名园重洛阳"和"洛阳花木甲天下"之称誉，北宋文学家、名臣李格非游洛阳时，曾撰成《洛阳名园记》。"生居洛阳"是当时士大夫们向往的生活。

■ 宋代出土的瓷枕

契丹　中古出现在我国东北地区的一个民族。自北魏开始，契丹族就开始在辽河上游一带活动，唐末建立了强大的地方政权。907年，建立契丹国，后改称辽，统治我国北方。辽代末年，女真族起事，辽帝国迅速走向灭亡，1125年为金所灭，其余部建立了西辽王国，延续了93年。

■ 司马光（1019—1086年），字君实，号迂叟，世称涑水先生。北宋政治家、文学家、史学家。历仕仁宗、英宗、神宗、哲宗四朝，卒赠太师、温国公，谥文正，主持编纂了我国历史上第一部编年体通史《资治通鉴》。

大学"国子监"设立于洛阳。北宋卓越的政治家、文学家赵普和吕蒙正、富弼、文彦博、欧阳修等都曾居住洛阳。史学家司马光在洛阳写出了《资治通鉴》，文学家欧阳修在洛阳编著《集古录》，理学家程颐、程灏、张载和邵雍都在洛阳留下了《二程全书》等名著。

在北宋时期，由于朝廷对佛教的极力推崇，仅洛阳一带就兴建了许多寺庙，其中最知名的庙宇，如北宋时期所建的观音寺与南宋时期所建的灵山寺。观音寺位于洛阳城南汝阳，又称"下寺"，仿洛阳白马寺布局，寺内存有大量壁画，人物形象栩栩如生。

灵山寺位于洛阳灵山北麓。灵山寺有四大奇观一直为人称道：一为寺门向北开，我国绝大多数寺院都是坐北向南，而灵山寺却是坐南向北；二为寺院有山门，灵山寺与别的寺院不同，独有城楼式山门；三为佛像有胡须，这在全国也是独有的；四为寺院与尼姑庵紧连，这在别的地方也是极少见的。

金灭北宋后，洛阳再次遭到毁灭性打击元气大伤，从此沦为了一个地方性城市。金朝将洛阳定为中京，设金昌府，并置洛阳县，重建洛阳城。金代时所建洛阳新城，就是后来洛阳老城的前身，规模很小。

1234年，蒙古族在全力灭金后，又火速进入了灭宋的战争中，而洛阳地处战争腹地，再遭劫难，百业凋零，经济萧条。

元朝时期，洛阳设河南江北行省，此后河南所指代的范围，不再限于河洛地区，而是作为河南江北行省或者河南省的次级行政区而存在。这一时期，河南府路向西扩展，纳入了灵宝、陕县和洛宁等地。

到了明朝时期，河南府进一步扩大，又增加了卢氏、栾川、嵩县和伊川大部。1368年，明太祖朱元璋在洛阳置河南府，并于1408年把他的儿子伊厉王朱彝封藩洛阳。1601年，明神宗朱翊钧把其第三子福恭王朱常询又封藩洛阳。洛阳作为明朝藩王的封地长达250年之久。

明代洛阳城是伊王、福王的封邑和河南府、洛阳县的治所，建筑规模比金在元有所扩大。1373年，明威将军陆龄依金、元旧址筑砖城，挖掘城壕。城周长约4千米，墙高13.3米，壕深约16.7米，阔10米。

明代洛阳城开四门，东曰建春，西名丽景，南称长夏，北为安喜。城门上建阙楼，外筑月城，环城设39座敌台。万历初年，河南守道杨俊民又改四门名称为东"长春"、西"瑞光"、南"薰风"、北"拱辰"。崇祯末年，又在城外筑一道墙，高约4.3米，宽3.3米，周

山门 又作三门，是禅宗伽蓝的正门。三门有智慧、慈悲和方便三解脱门之义，或者象征信、解和行三者。三解脱门是指：空门、无相门和无愿门。

行省 原为中央派出的高级机构，之后成为地方行政区域名称。南宋和金代已有行省之称。元朝的中央政府称为中书省，统管军民事务，以后成为最高一级行政区划。明初加强中央集权，撤销中书省，改设承宣布政使司，习惯仍称行省，简称省。清初增为18个行省，后又增为22个行省。

洛阳寺院远景

■洛阳出土的元代建筑石刻

长33里。

在清代时期，清朝在洛阳置府治，设洛阳县。在明府王府的废墟上重建的洛阳知府衙门，曾做过光绪皇帝的行宫。清代洛阳城与明代洛阳城相同。历任知府、知县都对城郭街道有所修缮。

1645年至1649年，守道赵文蔚和知府金本利用福王残垣废砖，修砌加固了四面城墙，建城楼8座。1705年以后，分别重修了四面城门楼，且定名为东"迎恩"、西"方安"、南"望涂"、北"长庆"。

清代洛阳城内有东西、南北两条主干道。分东南、西北、东北、西南四隅。河南府署及通判署、教授署、推官署、经币署、察衙署均分布在四隅街巷内。

阅读链接

灵山寺有两孔石窟。东面窟里的石雕佛像，额题是"何须面壁"，两侧挂着"莫向他山借石；还来此地做人"的一副对联，所含禅机耐人寻味。西面窟额题"圣泽日新"，窟内有一股清泉流出，经石桥绕向前院，注入东西汤王池。

石窟后建有一座高台，上有大汤王殿及东西厢房。台上栽植数株银杏树和"扭筋莲花柏"，游人可在此尽享前人留下的余荫。观音寺中还有汤王池、洗心井等名景，池中或井中的水位无论旱涝，始终如一，堪称一绝。

古都郑州

郑州是河南省的省会，位于河南中部偏北，在万里母亲河黄河南岸，是中原地区的大都会。郑州是五帝、夏、商三朝的腹地，为中华民族的发祥地之一，孕育了中华民族极其光辉灿烂的文化。

郑州历史悠久，早在5000年前，它就是皇帝的都邑。此后，夏、商、管、郑、韩五朝相继以郑州为都，隋、唐、五代、宋、金、元、明和清8代均在郑州设州。

从轩辕故里祠到商汤建都

公元前3000年左右的仰韶文化时期，也就是新石器时代的中晚期，在我国的中原一带居住着一个以熊为图腾的有熊氏部落。

有熊氏部落首领有个儿子叫轩辕。轩辕长大后被人们拥立为有熊氏部落的首领，人称黄帝。据说，轩辕黄帝非常有才华，发明创造繁多，成就辉煌，被尊为中华民族的"人文始祖"。后来，人们为了纪念他，便在黄帝建都的地方新郑，修建了轩辕故里祠。

这座祠堂始建于汉代，明清时期均有修建。1751年，新郑县令徐朝柱在祠前立了一通"轩辕故里"碑。

■轩辕 为中华民族始祖，人文初祖，我国远古时期部落联盟首领。他播百谷草木，大力发展生产，始制衣冠，建造舟车，发明指南车，定算数，制音律，创医学，等等。曾战胜炎帝于阪泉，战胜蚩尤于涿鹿，诸侯尊为天子，被视为中华民族的始祖。因土是黄色的，所以称为黄帝。

■ 黄帝故里

在河南新郑区轩辕路的黄帝故里景区内，主要有正殿、东西配殿和祠前庭等。正殿5间，大殿门楣上写着"人文始祖"的题词。中央供奉轩辕黄帝中年金身塑像，上面有"人文初祖"4字匾额。

在大殿四周的墙壁上是8幅壁画，生动地展示了黄帝一生的丰功伟绩。在大殿后边有黄帝的出生地轩辕丘。

东西配殿各3间，东配殿内塑有黄帝的元妃嫘祖"先蚕娘"像。西配殿内塑有黄帝的次妃嫫母"先织娘"像。

祠前庭3间，以图片展示河南新郑的裴李岗、仰韶和龙山文化时期文物。祠庭院内，还树有"林则徐拜祖碑"和世界客属总会拜祖碑等。

除了这座轩辕故里祠，在河南新郑地区距离县城西北约8千米处的裴李岗村西，还有一处我国8000年

仰韶文化 是黄河中游地区重要的新石器时代文化，因在河南渑池县仰韶村被发现而得名。但仰韶文化以陕西华山为中心分布，分布最为密集的地区在陕西关中、陕北一带。仰韶文化的持续时间大约在公元前5000年至3000年，分布在整个黄河中游从今天的甘肃省到河南省之间。

■ 裴李岗遗址出土的骨笛

契 契玄王，尧时司徒。子姓，河南商丘人，帝喾的儿子，唐尧的异母弟，生母为简狄。简狄生母有娀氏有两个女儿，大女儿叫简狄，小女儿叫建疵，两人都长得非常的美丽动人。传说，简狄因吞食了燕卵而生契。

夏桀 又名癸、履癸，商汤把他谥号桀，是凶猛的意思。桀是夏朝第16代君主发的儿子，在位52年。履癸文武双全，但荒淫无度，暴虐无道。商汤在名相伊尹谋划下，起兵伐桀，后被放逐而饿死，是历史上著名的暴君。

前的人类文化遗存裴李岗遗址。

此遗址面积达2万平方米。该遗址的发现填补了我国仰韶文化以前新石器时代早期的一段历史空白。从此处发掘出墓葬114座、陶窑1座、灰坑10多个，还有几处残破的穴居房基。

出土各种器物400多件，包括石器、陶器、骨器以及陶纺轮、陶塑猪头、羊头等原始艺术品。

这些遗址的发现，标志着我华夏子民从8000年前便已存在，这对我国的史前文明研究具有十分重要的意义。

公元前2070年至前1600年，夏朝的禹建都于登封阳城王城岗，禹的儿子启建立了我国历史上第一个奴隶制王朝。从此，以嵩山为中心的伊洛河和颍河上游一带以及山西南部是夏人的活动中心。

商部落从君主契开始至商汤共迁徙8次，公元前1675年，商汤以"吊民伐罪"的名义攻占夏朝国都封丘，灭掉夏桀，创立我国历史上第二个奴隶制王朝，商汤建都今郑州市区一带，史称西亳。

商代都城有内外两重城垣，内城城垣呈长方形，外城城垣呈圆形围绕着内城。其"外圆内方"的城郭布局体现了古人"天圆地方"的宇宙观。

商代城周长达7千米，面积4430平方米。墙体采用分段版筑法逐段夯筑而成，夯层较薄，夯窝密集，相当坚固。在城墙内外两侧都建有夯土结构的护城坡。

在城东北部有大型宫殿，城四周有铸铜、制陶等手工业作坊及大面积住房和水井等。宫殿区近40万平方米基址都用红土与黄土夯筑而成。台基平面多呈长方形，表面排列有整齐的柱穴，柱穴底部有柱基石。

在宫殿区内，不仅有我国最早的原始青釉瓷尊和商代王室专用的青铜方鼎，还有专门用于贵族祭祀活动的地方。这些古老的建筑群，后来被作为"郑州商城遗址"，保存至今。

郑州商城遗址坐落在郑州商代遗址中部，也就是

青釉 我国瓷器著名的传统颜色釉，亦称"青瓷釉"。古代南方青釉，是瓷器最早的颜色釉。所谓"青釉"，颜色并不是纯粹的青，有月白、天青、粉青、梅子青、豆青、豆绿、翠青等，但多少总能泛出一点青绿色。同时，古人往往将青、绿、蓝三种颜色，一统称为"青色"。

■ 商代都城遗址

■ 郑州商代遗址

二里岗文化 商代前期重要文化遗址，位于河南郑州市东南部，时代早于殷墟。包括上下文化层，陶器多是泥质灰陶和夹砂灰陶。下层的鬲、瓿、斝多作卷沿、薄胎、高锥足，饰以细绳纹。以该遗址为代表的同类遗存称二里岗文化。

郑州市区偏东的郑县旧城及北关一带。城墙始筑于商代中期的二里岗文化期，距今约有3600多年的历史。

商城遗址近似长方形，北城墙长约1.69千米，西墙长约1.8千米，南墙和东墙长度均为1.7千米，周长近7千米。城墙底宽20米左右，顶宽5米多，其高度复原后约10米。以全部城墙长、宽、高计算，郑州商城约用夯土量为87万立方米。

城墙周长6.96千米，有11个缺口，其中，有的可能是城门。城内东北部有宫殿区，宫殿基址多处，其中心有用石板砌筑的人工蓄水设施。城中还有小型房址和水井遗址。城外有居民区、墓地、铸铜遗址及制陶制骨作坊址等。

小型墓的随葬品以陶器为主，中型墓多数随葬有青铜礼器、玉石器及象牙器，有一座墓中还有人殉。后人在南城外侧还发现一段外郭城墙。

此外，还有两处铜器窖藏，内有杜岭方鼎及圆鼎、提梁卣、牛首尊等，被认为是商王宣的礼器。遗址中还有原始瓷器和刻辞卜骨等。

在商城周围，还有与商城同时期的铸铜、制陶、制骨等作坊遗址4处、铜器窖藏2处及100多座中小型墓葬。出土的遗物以陶器最多，青铜器、石器、骨器次之，并有蚌器、玉器、原始瓷器、印纹硬陶、白陶器、象牙器等。

在杜岭铜器窖藏中出土的一件方鼎，高1米，重86.4千克，已成为郑州市的象征。这些古老的文物与古迹，对于研究商代历史和古代城市发展史都具有重要价值。

礼器 我国古代贵族在举行祭祀、宴飨、征伐及丧葬等礼仪活动中使用的器物。用来表明使用者的身份、等级与权力。商周青铜礼器又泛称彝器。礼器是在原始社会晚期随着氏族贵族的出现而产生的。在龙山文化大墓中，出土有彩绘龙盘及鼍鼓，在良渚文化的一些大墓中，出土有玉琮、玉璧等。

阅读链接

新中国成立后，新郑市政府以轩辕故里祠为中心，经过整修、扩建和改造，建成了黄帝故里景区。全区共分五个区域：中华姓氏广场、轩辕故里祠前区、轩辕故里祠、拜祖广场、轩辕丘与黄帝纪念馆区。

其中，中华姓氏广场占地1.7万平方米，在广场的中心，有一座中华第一鼎，名为黄帝宝鼎。此鼎高6.99米，鼎口直径4.7米，腹深2.8米，耳高1.5米，足高2.8米，重24吨，鼎足为熊足，取意轩辕黄帝系有熊氏。鼎腹饰九龙，造型庄严、凝重、大气，被誉为"天下第一鼎"。

轩辕故里祠前区，由南向北依次为汉代石阙、日晷、指南车、四柱石坊、轩辕桥与姬水河、"轩辕黄帝之碑"。

春秋时期的郑韩故城遗址

公元前765年，郑武公将都城迁往溱洧，即河南郑州隶属的新郑一带。此后，郑国一直以该地为都，郑武公给该地取名新郑。公元前375年，韩国灭掉郑国迁都新郑。

公元前230年，秦王嬴政派内史腾率军突然南下渡过黄河，攻破新郑，韩国灭亡。新郑作为郑国和韩国国都达500年之久，为此，在现存的新郑市区周围，还保留着当时古都的建都遗址——郑韩故城遗址。

■秦始皇 嬴政

郑韩故城是目前世界上、在同一时期保存最完整、城墙最高、面积最大的古城。

古城是依据双泊河和黄水河两岸附近的地势建成的，周长约38千米。中部有一道南北向的隔墙，这道隔墙

■ 郑韩故城

也就是一条分界线，将故城分为西城和东城。其中，西城也称"主城"或"内城"，东城也称"外城"或"外廓城"。

其中，西城内分布有韩国宫城和宫殿区、缫丝作坊遗址。东城内分布有郑国宫庙遗址、祭祀遗址、铸铜遗址和韩国铸铁、制骨、制玉、制陶等多处遗址。

除了西城的南墙和西墙外，其余部分大都可以找到城墙或墙基痕迹。所有城墙全是用黄土或红黏土分层夯筑而成，夯层厚度一般为0.1米左右，但也有厚达0.12至0.19米的，从每层夯面观察，当时使用的是圆形平底夯，夯窝口径0.05到0.06米，城墙一般都夯筑得比较坚固。

在郑韩故城西城中部，今花园村西一带，还有一座规模较小的城址，略呈长方形，东西长约500米，南北宽约320米，城墙墙基宽约10至13米，全部掩埋在地面以下，深约0.3至1米，也是分层夯筑而成的。

春秋 我国历史阶段之一。关于这一时期，一般有两种说法：一种说法认为是公元前770年至公元前476年；另一种说法认为是公元前770年至公元前403年。孔子曾经编了一部《春秋》，书中记载的时间跨度与春秋时代大体相当，所以后人就将这一历史阶段称为春秋时期，基本上是东周的前半期。

在西城内的西北部，今阁老坟村西，还有一个高出地面约8米的夯土台基，《新郑县志》称为梳洗台，群众称它为梳妆台。

台基底部南北长约135米，东西残宽约80余米，台上发现三眼水井和埋入地下的陶排水管道。

在阁老坟村北，还有一处地下建筑遗存，人们一般都把它称为"地下室"。它是从地面向下挖成的一座口部略大于底部的长方形建筑，口部南北长约8.9米，东西宽约2.9米，四壁全是用土夯筑起来的，东南角处挖筑一条宽约0.56至1.15米的台阶式走道，这是出入地下室的唯一通道。

室内底部偏东侧，还有一处南北成行的五眼井，这五眼井全是用陶制井圈逐层叠筑而成的，井圈直径一般为0.76—0.98米，井的间距为0.3至0.65米，井的深度为1.76至2.46米，均在地下水位以上。

在地下室和五眼井的填土中，包含有大量的猪、牛、羊、鸡等动物的骨骼，约占其所含遗物总数的1/3左右。

为此，人们推断，这座地下建筑可能是为了满足统治阶级的需要而建造的一所储藏食品的大型窖穴。

根据地层关系和出土遗物来看，"梳妆台"的建造使用时间，经

■春秋古城遗址

历了春秋、战国两个历史
阶段，地下室是战国时期
的建筑遗存。

■战国青铜器武王戈

在郑韩故城东城内，
还有好几处手工业作坊遗
址。主要有小吴楼村北的
春秋战国时期铸铜器作坊遗址，张龙庄村南的春秋战国时期制骨器作
坊遗址，仓城村北的战国时期铸铁器作坊遗址，等等。

此外，在白庙范村北还有一个战国兵器坑，里面有戈、爪、剑等
铜兵器180多件，其中不少都带铭文，这些文物为研究我国古代的制
陶、制玉作坊提供了重要的历史线索。

另外，在郑韩故城内外，还有几处春秋战国时期的墓地，这些古
老的历史遗迹，为研究我国春秋战国时期郑国和韩国的历史文化提供
了重要的实物资料。

阅读链接

郑韩故城遗址发现于1923年，当时，最先发现的是新郑李家楼
郑伯墓。新中国成立后，1961年，此地被国务院公布为第一批全国
重点文物保护单位。1964年河南省文化局文物工作队在新郑设立工
作站，开始了长期不断的考古勘探与发掘。

首先，考古学者发现了郑城的地理位置，以及郑韩两国的宫
殿基址。

在1984年至1988年间，考古学者又在东城，今新郑市政府以
北，发现了春秋时期密集的大型建筑群。1993年，又在东城中部偏
南侧的金城路发现郑国多座礼乐器坑和殉马坑。

1996年至1998年，又在郑韩故城东城郑国祭祀遗址东南部的
一些春秋坑井中，发现了手工业作坊遗址。

从南北朝寺庙至北宋巩县八陵

魏晋南北朝时期，佛教和道教兴盛。郑州由于距离洛阳比较近，加之中岳嵩山雄伟的气势、优美的环境，受到了上自帝王下至普通僧尼的青睐，纷纷在这里建寺立庙，使郑州地区成了佛道文化的圣地。

少林寺石牌坊

■登封嵩岳寺

郑州地区著名的少林寺、嵩岳寺、永泰寺、巩义石窟寺和中岳庙等都在这一时期建立。

古代印度高僧达摩云游至嵩山少林寺面壁9年，传衣钵于和尚慧可。此后，达摩被人尊为中国禅宗初祖，少林寺的禅宗祖庭地位也由此确立。

少林寺位于河南省郑州市登封嵩山五乳峰下，是少林武术的发源地。由于其坐落嵩山的腹地少室山下的茂密丛林中，所以取名"少林寺"，寺内有少林寺院、塔林、达摩洞、初祖庵等景点，更拥有传承千年的少林"禅、武、医"文化。少林寺因少林功夫而名扬天下，号称"天下第一名刹"。

嵩岳寺，又名大塔寺，位于在郑州市登封西北的太室山南麓，早先是北魏皇室的一座离宫，后改建为佛寺。此寺的建造年代在508年至520年之间，最少也有1450多年的历史。

嵩岳寺背依太室诸峰，群山环抱，林泉秀美，曲尽山居之妙，是为胜景之地。特别是嵩岳寺塔是我国现存最早的密檐式砖塔，塔高约45米，驰名中外。

密檐式 密檐式塔，是我国佛塔主要类型之一，是一种由楼阁式塔演变而来的新式佛塔，多是砖石结构。密檐式塔始于东汉或南北朝时期，盛于隋、唐，成熟于辽、金，它是由楼阁式的木塔向砖石结构发展时演变而来的。密檐式塔是唐代和辽代塔的主要类型，多为四角形、六角形和八角形。

■嵩山永泰寺

赵弘殷 宋宣祖，北宋开国君主宋太祖赵匡胤的父亲。少骁勇善战。初事后唐镕，有功，留典禁军，迁护圣都指挥使。入后周，以功累迁至检校司徒，封天水县男，与子匡胤分典禁兵。宋初追尊武昭皇帝，庙号宣祖。

永泰寺，位于河南省郑州市登封西北的太室山西麓，坐东朝西，面对少林寺，背依气势巍巍的望都峰北临秀丽多姿的子晋峰，南有知崖万壑的少室山和碧波荡漾的少林水库。

永泰寺是佛教禅宗传入中原后营建的第一座女僧寺院，也是我国现存始建年代最早的尼僧佛寺。

中岳庙即指嵩山中岳庙，位于河南嵩山南麓的太室山脚下，距河南省登封市城东4千米。它背依黄盖峰，面对玉案山，西有望朝岭，东有牧子岗，群山环抱，布局谨严，规模宏伟，红墙黄瓦，金碧辉煌。

中岳庙总面积11万平方米，为中州祠宇之冠，也是五岳中现存规模最大、保存较完整的古建筑群，也是河南省规模最巨、最完整的古代建筑群。如此宏大而又幽雅庄严的庙宇在全国也是罕见的，此为华夏文明圣地。

960年，赵匡胤建立了宋朝，定都开封。之后，郑州于1105年被建为西辅，属京西北路，升奉宁军，地位高于府、州，下辖管城、荥泽、原武、新郑和荥阳。在宋朝统治郑州期间，宋代的皇帝们认为郑州的巩县，北依嵩山，南临洛水，形势险要，这是"王气"和"龙脉"的所在地。

因此，北宋的9个皇帝，除了宋徽宗和宋钦宗两位皇外，其余7个皇帝及宋太祖赵匡胤的父亲赵弘殷都葬在巩县，通称七帝八陵，也称"北宋八陵"或"巩县八陵"，再加上后妃和宗室亲王和王孙及功臣名将等共有陵墓近千座。

北宋皇陵群从963年开始营建，前后经营达160多

■北宋皇陵

■ 巩县八陵的永昭
陵石像

古都遗韵

古都的厚重历史遗韵

石狮子 就是用石头雕刻出来的狮子，是在我国传统建筑中经常使用的一种装饰物。在我国的宫殿、寺庙、佛塔、桥梁、府邸、园林、陵墓以及印钮上都会看到它。但是更多的时候，"石狮"是专门指放在大门左右两侧的一对狮子。

年，形成了一个规模庞大、气势雄伟的皇家陵墓群。各陵园都由上宫、宫城、地宫和下宫4部分组成，围绕陵园还建筑有寺院、庙宇和行宫等。陵台植有松柏，横竖成行，四季常青。

这八座陵墓包括：宋宣祖的永安陵、宋太祖的永昌陵、宋太宗的永熙陵、宋真宗的永定陵、宋仁宗的永昭陵、宋英宗的永厚陵、宋神宗的永裕陵和宋哲宗的永泰陵。

其中，宋太祖赵匡胤的永昌陵不像唐代那样以峰为陵，而是人工筑坟。

整个陵园，统称"兆域"。

里面的石刻主要分布在上宫的神道两侧，它对称排列，造型有武将、文臣、客使，以及羊、马等动物。刀法洗练，线条简明，形象逼真生动，有浓厚的晚唐遗风。

宋太宗赵炅的永熙陵是八陵中最宏伟的一座，陵址在西村，距县城约5千米。永熙陵的石刻气势非凡，雄伟壮观。

人物形象气宇轩昂，较为高大，暗示对宋太宗丰功伟绩的赞颂和北宋初年上升时期的景象。其中的石羊昂首静卧，形象优美，是不可多得的精品。

宋真宗赵恒的永定陵的陵址在芝田。现存的地面雕刻造像是宋陵中保存最完整的一个。该陵石象造型硕大，象座四围刻的牡丹缠枝花纹是宋陵中所独有的纹样。永定陵神道上的石狮子，是古代动物雕塑的优秀作品之一。

宋仁宗的永昭陵内石刻较之以往笔法细腻，比例协调适度。因宋代对外实行结盟政策，使得外来使节频繁入宋，在石刻上也有所反映，永昭陵的客使形象，体质厚重，轮廓线条简练明确，刻画入微，达到了形神兼备的艺术效果。

永厚陵的石刻和永昭陵的艺术风格相似。永裕陵的石刻艺术表现手法较为写实，生活气息浓厚。

这些陵墓堪称为露天艺术博物馆，是研究宋代典章制度和石刻艺术的十分珍贵的实物资料。

阅读链接

据说，北宋皇帝赵匡胤自选陵墓还有这样一个传说：

赵匡胤非常想迁都洛阳，但被他的弟弟赵光义和群臣阻拦，心中非常悲苦。当他从洛阳回开封经过巩义时，他祭奠埋在这里的父亲，更加悲从中来。

于是，他登上阅台，面向西方，要来弯弓，对臣下说："我生不能居西京，死当葬此地！"

说完，他便弯弓搭箭，响箭向西北飞驰而去，箭落的地方就是后来的宋太祖赵匡胤的永昌陵。

从元代观星台到明初的城隍庙

金代至元代时期，郑州的土地大量荒芜，经济发展基本处于停滞状态，唯有天文学取得了一定成就，天文学家郭守敬和王恂主持在全国设立了27个天文观测台，郑州登封的观测台则是全国观测中心。

这座观测台又名观星台，位于登封市城东南7.5千米的告成镇周公庙内，距周公测景台20米，是我国现存最古老的天文台，世界上著名的天文科学建筑物。

观星台由台身与石圭、表槽组成。台身上小下大，形似覆斗。台面呈方形，用水磨砖砌造。台高9.46

■ 郭守敬（1231—1316），字若思，河北人。元朝的天文学家、数学家、水利专家和仪器制造专家。郭守敬曾担任都水监。1276年郭守敬修订新历法《授时历》。《授时历》是当时世界上最先进的一种历法。

■ 郭守敬观星台

米，连台顶小屋通高12.62米。台下边宽16米多，上边约为下边之半。

在台身北面，有两个对称的出入口，筑有砖石踏道和梯栏。台顶各边有明显收缩，并砌有女儿墙，台顶两端小屋中间，由台底到台顶，有凹槽的"高表"。在凹槽正北是36块青石平铺的俗称量天尺的"石圭"。石圭通长31米。

在观星台内，还有一"测景台"，据说，它是我国古代周文王的第四个儿子姬旦下令修建的，是古代祖先测量日影，验证四时的仪器。周在灭商之后，建立了周王朝，俗话说"得中原者得天下"，周王朝因此要在中原建都，也就是现在的洛阳，为了政治统治的需要，也为了寻求营建东都洛阳的准确天文依据，周公姬旦才修建了"测景台"。

观星台建于元朝初年，距今已有700年的历史，对于研究我国天文史和建筑史都具有极高的价值。在

王恂 元代数学家、文学家。王恂任太史令期间，分掌天文观测和推算方面的工作。他在修订《授时历》时的贡献与郭守敬齐名。王恂死后，他创造的历律计算法由郭守敬等人整理成《推步》七卷、《立成》二卷、《历议拟稿》三卷、《转神选择》二卷、《上中下注释》十二卷留传后世。

古都遗韵

古都的厚重历史遗韵

■ 郭守敬纪念馆

日晷 本义是指太阳的影子。现代的"日晷"指的是我国古代利用日影测得时刻的一种计时仪器，又称"日规"。其原理就是利用太阳的投影方向来测定并划分时刻，通常由晷针和晷面组成，按晷面放置的方向，可分为赤道、地平、竖立、斜立等型式。

观星台上，还有各种天文仪器，包括沈括浮漏、正方案、仰仪、景符和日晷等。除了测量日影的功能之外，当年的观星台上可能还有观测星象等设施。

在元末明初时，随着回族人口进入郑州，他们所信仰的伊斯兰教也随之进入郑州，而且在郑州的北大街兴建了郑州清真寺，又名北大清真寺，这是我国伊斯兰教在郑州建造最早、规模最大的清真寺。

郑州清真寺位于北大街128号，占地约1.1万多平方米，为两进院对称，是我国的传统宫殿式建筑。主要由大门、望月楼、大殿、南北讲堂、浴室和殡仪馆组成。

其中，望月楼大殿也称礼拜殿，是清真寺的主体建筑，高约10米，面阔5间，进深4间，有卷棚、前殿、后殿和庑殿式后窑。

望月楼又名唤醒楼，为伊斯兰教寺院中特有的建筑，是阿訇观月和斋戒之用。望月楼小巧玲珑，造型、结构艺术等皆为此寺之精华，其两侧各有硬山单披式掖门。

礼拜殿前两侧是讲堂和硬山单披式掖门，并有陪房、沐浴室等。郑州清真寺殿宇前后相连，组合一处，称为勾连搭式，可容纳500多人同时做礼拜。

随着这座清真寺的建立，到了明朝初年，在郑州城内，又建成了著名的城隍庙。

郑州城隍庙全称郑州城隍灵佑侯庙，又名纪信庙，该庙始建于何时，文献缺乏确切记载，现存建筑建于1501年。

整个庙宇坐北面南，山门、前殿、戏楼、大殿、寝宫和东西廊庑等建筑，沿中轴线依次排列，层次分明，布局结构合理。而且都是琉璃瓦覆盖，卷棚出

■ 郑州城隍庙戏台

■ 郑州文庙

斗拱 我国建筑特有的一种结构。在立柱和横梁交接处，从柱顶上的一层层探出成弓形的承重结构叫拱，拱与拱之间垫的方形木块叫斗。两者合称斗拱。斗拱也被作为中国建筑学会的会徽。

麒麟 亦作"骐麟"，简称"麟"，外形像鹿，头上独角，全身有鳞甲，尾像牛尾。它是我国古籍中记载的一种动物，与凤、龟、龙共称为"四灵"，是神的坐骑，古人把麒麟当作仁兽、瑞兽。雄性称麒，雌性称麟。麒麟是吉祥神兽，主太平、长寿。

厦，飞檐四出，造型精致，结构紧凑。

整个建筑红砖绿瓦，画梁雕栋，既凝重端庄，又古朴典雅，是郑州市绝无仅有的明清建筑精品。其中，庙内歇山式双层戏楼，堪称郑州之最。戏楼高达15米，歇山式双层建筑，正脊浮雕数条游龙，有凤凰在上下飞舞，有荷花、狮子在左右陪衬，异常生动。

大殿正脊两端雕有吞脊吻兽，两侧刻滚龙数条，装饰有凤凰、牡丹。殿上刻有八仙过海及苍松翠柏、人物鸟兽，构图和谐精致，左右对称，绝妙异常。殿内还专门供奉汉高祖刘邦麾下的大将纪信。

每年庙会时节，台上古乐喧天，丝弦阵阵，台下游人如痴如醉。加之杂耍、民间工艺品，各种名优小吃缤纷上市，更给城隍庙平添不少光彩。

在郑州城内，除了北大清真寺和城隍庙以外，还有著名的文庙、孔氏家庙、关帝庙和晋王庙等。

其中，郑州文庙始建于东汉明帝永平年间，共有殿宇廊亭200多间，占地约5万平方米，东西各有一座过街牌坊。

1738年曾经大规模修建，1876年遭火焚，建筑毁废殆尽。以后虽又修复，规模已远不如前，后来仅存有大成殿和戟门两座古建筑及几间小厢房。

大成殿坐北朝南，殿宇雄伟高大、庄严肃穆。它的建筑形式为古代"歇山式"建筑，其殿顶构造复杂，工艺精湛，堪称一绝。

大殿最高处称"脊"，脊的两端各有两米高的龙头形构件，称为"吻"，其意龙司降雨，是防火的标志。脊的正中央高耸着一个双层楼阁建筑构件，上塑麒麟、大象等祥瑞饰物。

脊面上塑有"二龙戏珠""蜘蛛盘丝""凤凰牡丹"等吉祥图案，造型优美，生动传神。

大殿顶面覆盖绿色琉璃瓦，与脊饰光彩交映。大殿的东、西侧面是"两山"，两山的"博风"上，有玉皇大帝、如来说法、八仙过海、戏曲人物等图案，构图精美、制作细致。

殿檐下面是令人眼花缭乱的"五踩重昂斗拱"，木工结构复杂，彩绘繁缛，显示了古代工匠高超的工艺水平。

殿宇内梁架椽檩上的木雕、彩绘更是构思精妙让人叹为观止。

郑州作为一座文化古城，境内的文物资源众多，有古城、古文化、古墓葬、古建筑、古关隘和古战场在内的遗址遗迹达1万多处。

其中，天地之中历史建筑群是世界文化遗产，包括

095

五朝都城 古都郑州

■康百万庄园

■ 杜甫（712—770年），字子美，自号少陵野老，世称"杜工部""杜老""杜少陵"等。盛唐时期伟大的现实主义诗人。他的诗保留下来的有1400多首，备受推崇。杜甫被世人尊为"诗圣"，其诗被称为"诗史"。

最早的天文建筑观星台、最大的道教建筑群中岳庙、东汉三阙、会善寺、宋代四大书院之一嵩阳书院、嵩岳寺塔和嵩山少林寺建筑群等。

这些古迹中，康百万庄园位于河南省郑州市下辖巩义康店镇，是康氏家族先祖康绍敬建造的府邸；郑州郭家大院近邻郑州商城遗址南城墙，是"郑州最后的四合院"；杜甫故里位于巩义市西北的康店镇康店村西部邙岭上，是我国唐代诗人杜甫的出生和墓地。

阅读链接

作为古老的历史文化名城之一，郑州不仅有以文物古迹为主的旅游文化，它还拥有着饮食文化、戏曲文化等多方面。

其中，郑州面食名吃有合记羊肉烩面、萧记三鲜烩面、杨记牛肉拉面、蔡记蒸饺、葛记焖饼等。郑州人以面食为主，有蒸馒头、摊煎饼、油炸的菜角。郑州号称"烩面之城"，烩面馆遍布大街小巷。豫菜是郑州颇具地方特色的菜系。如"鲤鱼焙面""童子鸡""套四宝"是当地的豫菜代表。

同时，河南是戏曲大省。除了传统的豫剧、曲剧和越调三大剧种外，还有10多个地方剧种，几百年来戏曲一直都是郑州城乡居民文化生活的主要组成部分。

古都安阳

　　安阳位于河南省最北部，地处南北交通要冲，东接齐鲁，西依太行，北濒幽燕，南望中原，西部为山区，东部为平原。

　　安阳作为七朝古都，具有深厚的历史文化积淀。据考古发现，早在2.5万年前的旧石器时代晚期，人类就在安阳留下了活动的遗迹，创造了著名的"小南海文化"。

　　自商王盘庚率领部族迁徙安阳，相继有三国时的曹魏，十六国时期的后赵、冉魏、前燕，北朝时期的东魏、北齐等在此建都。

武丁为纪念亡妻建成妇好墓

相传，在4500年前，颛顼帝和帝喾帝在安阳境内建都。他们前承炎黄，后启尧舜，奠定了华夏文明的根基，他们都是贤明的帝王，被后世尊为华夏人文始祖。历史上确定安阳建都的最早文字记载，据商都殷墟甲骨文考古发掘证实为我国商代时期。

在公元前1300年，商王盘庚率领臣民从山东奄，即今山东曲阜，

■妇好墓遗址

迁都于殷，即今安阳市区小屯村，安阳遂为殷商国都。

安阳古都内现存的商都殷墟位于安阳市西北处，面积约30平方千米，整个殷墟区大致分为宫殿区、王陵区、一般墓葬区、手工业作坊区、平民居住区和奴隶居住区，是我国第一个有文献记载并为甲骨文和考古发掘所证实的商代都城遗址。

从殷墟的规模、面积和宫殿的宏伟，出土文物的质量之精、之美、之奇、数量之巨，都可以充分证明它当时不仅是全国，而且是东方政治、经济和文化中心。商灭亡后，这里逐渐沦为废墟。

作为商代晚期的国都，殷墟依托洹河，地理位置优越，形成了以宫殿宗庙区为中心的环形、分层、放射状分布的总体规划形式，体现出了一个高度繁荣都城的宏大气派。

濒河而建的殷墟宫殿建筑以土木为主要建筑材料，形式多样，对我国古代的宫殿宗庙建筑产生了重要的影响。以宗族为单位的民居，成片分布，并铺设了陶制排水管道。其聚族而居、聚族而葬的形式，一直延续至今。

12座王陵大墓和数量惊人的人殉和祭拜用品则组成了我国目前已知最早的、最完整的王陵墓葬群，代

■ 甲骨文

人殉 用活人为死去的氏族首领、家长、奴隶主或封建主殉葬。人殉是阶级对抗的产物，也是一种残忍而野蛮的宗教行为，它出现于原始社会末期，盛行于奴隶制时代。殉葬者多是死者的近亲、近臣和近侍以及战争中的俘虏等。在阶级出现的时代里，人殉成为一种广泛流行的古代丧葬仪式。

■ 二帝陵遗址

表了我国古代早期王陵建设的最高水平。

除了古老的商都殷墟之外，我国后人还在安阳所辖内黄县城东南30千米处，发现了古人为了纪念上古时期三皇五帝中高阳氏颛顼和高辛氏帝喾而修建的两座皇陵，称为二帝陵，又称高王庙。距今约有4500年的历史。

二帝陵始建年代不详。它坐北面南，占地350多平方米。沿着主轴线有御桥、山门、祭拜殿和陵冢等建筑。

由于清代一场铺天盖地的沙尘暴的掩埋，东侧的建筑群至今未能全部清理出来。墓冢位于鲋鰤山之阳，东为颛顼陵，西为帝喾陵。

二帝陵的围墙东西长160多米，南北宽66米，陵墓至大殿有3条甬道，甬道为砖石所砌。大殿在半山腰，殿内有历代碑刻40多通，院内共有元、明、清历代御祭碑碣165通，其中一通是元代重修记事碑。从山上走下，山门右侧有一眼宋代砖井，至今井水甘甜可口。站此远眺，可见御桥。

公元前1250年，殷商的第二十二任皇帝武丁登基。武丁即王位后，提拔傅说执政。傅说原为刑徒，被武丁发现，加以重用。武丁还任用甘盘为大臣，以此二人"接天下之政，治天下之民"，力求巩固统治，增强国力，使商王朝得以大治。

武丁 姓子，名昭，是我国商朝时期第二十三位国王，著名军事统帅。他是商王盘庚的侄子，父亲是商王小乙。庙号为高宗。他在位时，攻打鬼方，任用贤臣傅说为相，妻子妇好为将军，商朝再度强盛，史称"武丁中兴"。

在武丁的统治下，商王朝的经济推向极盛，他也因此被称作"中兴之王"，后人又称他为武丁大帝。

这位武丁之所以在统治期间，取得了很好的政绩，一方面源于他会用人，另一方面还源于他有一个好妻子。

商王武丁的妻子名叫妇好，她是我国历史上第一位有据可查的女将军。她的名字叫"好"，"妇"则是一种亲属称谓，而她的另一个称号是"母辛"。

当年，武丁通过一连串的战争将商朝的版图扩大了数倍，而为武丁带兵东征西讨的大将就是他的王后妇好。

妇好死后，武丁不循皇家礼俗，厚葬妇好于宫殿之侧，为祭祀妇好，武丁又在其墓地上建造宗庙，甲骨卜辞称其为"母辛宗"的享堂。

这座为妇好兴建的陵墓保存至今，后人称它为"妇好墓"。该墓地位于河南省安阳市境内，是我国现存唯一能与甲骨文相印证而确定其年代与墓主身份的商王室墓葬。

整座墓地为长方形竖穴，南北长5.6米，东西宽4米，深8米。墓室上部有一与墓口大小相似的夯土房基，是用于祭祀的建筑。

墓内有二层台和腰坑，东、西两壁各有一个长条形壁龛。葬

三皇五帝 三皇指伏羲、神农、黄帝；五帝指少昊、颛顼、帝喾、尧、舜。原为传说中我国远古的部落首长。后借指远古时代。三皇五帝是我国在夏朝以前出现在传说中的"帝王"。从三皇时代到五帝时代，历数千年。三皇五帝是中华上古杰出首领的代表。

■ 妇商王武丁妻子妇好塑像

鼎 古代烹煮用的器物，一般是三足两耳。一般来说鼎有三足的圆鼎和四足的方鼎两类，又可分有盖的和无盖的两种。鼎是最重要青铜器物种之一，是用来烹煮肉和盛贮肉类的器具。三代及秦汉延续2000多年，鼎一直是最常见和最神秘的礼器。

具为木椁和木棺，椁长5米，宽3.4至3.6米，高1.3米。椁室在潜水面下，大部塌毁，棺木也已腐朽，从残迹可知曾多次髹漆，其上还附有一层麻布和一层薄绢。

墓室有殉葬者16人，其中4人在椁顶上部的填土中，2人在东壁龛中，1人在西壁龛中，1人在腰坑中，8人在椁内棺外。另外还殉狗6只，1只在腰坑中，余均埋在椁顶上部。

妇好墓虽然墓室不大，但保存完好，随葬品极为丰富，有不同质料的随葬品1928件，有青铜器、玉器、宝石器、象牙器、骨器、蚌器等。

其中，最能体现殷墟文化发展水平的是青铜器和玉器。青铜器共468件，以礼器和武器为主，礼器类别较全，有炊器、食器、酒器、水器等。多成对或成组，妇好铭文的鸮尊、盉、小方鼎各一对，成组的如圆鼎12件，每组6件，铜斗8件，每组4件。司母辛铭

■ 妇好墓入口

文的有大方鼎、四足觥各一
对。其他铭文的，有成对的
方壶、方尊、圆斝等，且多
配有10觚、10爵。

这些青铜器中，刻有
铭文的铜礼器有190件，其
中铸"妇好"铭文的共109
件，占有铭文铜器的半数以
上，并且多数为大型重器和造型新颖别致的器物。

此外，还有贝6800余枚和海螺2枚，分别放在棺
椁内和填土中。填土中有陶爵、石磬、象牙杯、玉
臼、石牛、骨笄、箭镞等，椁内放置大量青铜礼器，
棺内则主要放置玉器、贝等饰物。

这些精美绝伦的随葬品，反映了商代高度发达的
手工业制造水平，为我国后人研究古老的殷商文化提
供了重要的依据。

■妇好墓中的鼎

铭文 铜器研究中
的术语。本指古
人在青铜礼器上
加铸铭文以记铸
造该器的原由、
所纪念或祭祀的
人物等，后来就
泛指在各类器物
上特意留下的记
录该器物制作的
时间、地点、工
匠姓名、作坊名
称等的文字。

关于妇好和她的陵墓，以及武丁的故事，人们都是从妇好墓
中挖掘出来的甲骨文中的记载而得知的。但是由于这些甲骨文的年
代不同，为此，关于妇好墓中的主人和墓葬年代的问题，主要有两
种意见：

一种认为墓主人妇好是第一期甲骨卜辞中所称的"妇好"，
即武丁的配偶，庙号称"辛"，乙、辛周祭祀谱中称为"妣辛"，
死于武丁晚期。

另一种则认为，墓主人妇好是三四期甲骨卜辞中的"妇
好"，即商朝的第二十七位皇帝康丁的配偶"妣辛"。

纣王命人修建首座国家监狱

商代末期，商朝的最后一位帝王纣王为巩固自己的统治，在安阳的汤阴县城北的羑里城建造了世界最早的国家监狱羑里城。

这时，商朝西陲的一个诸侯国领袖周文王姬昌因广施仁德，礼贤下士，发展生产，深得人民的拥戴。这件事被商纣

■姬昌（前1152—前1056年），周文王，即殷商西伯，又称周侯，周季历的儿子，姬姓，名昌。先秦时期贵族有姓有氏，男子称氏、女子称姓。故周文王虽姬姓，却不叫姬昌。姬昌一说在东汉时期成型。传说他在羑里根据伏羲氏的研究成果继续演绎易经八卦。

王听说后，他非常的不高兴，便将周文王囚禁在了羑里城。

周文王被囚后，在羑里城潜心治学，将伏羲的先天八卦推演成六十四卦并系以卦爻辞，提出"刚柔相对，变在其中"的富有朴素辩证法的观点，完成了《周易》这部千古不朽的著作。

《周易》以占筮的形式推测自然和社会的变化，内容几乎涵盖了人类社会的全部内容，被誉为"群经之首"。羑里城由此成为风靡全球的周易发祥地，以其博大精深的文化内涵而名扬海内外。

后来，人们为了纪念周文王，就在他曾经被囚的羑里城上建起了文王庙。文王庙坐北朝南，主要建筑有演绎坊、山门、大殿、拜殿、演绎台、洗心亭、玩占亭、吐儿冢，还有御碑、文王易碑和峋嵝碑等。羑里城和文王庙一直保存至今，位于河南安阳市汤阴县。

羑里城遗址，是一片高出地面3米多的土台，南北长105米，东西宽103米，面积达万余平方米。台上有文王庙，坐北向南，古柏苍翠。

■周文王陵

六十四卦 《周易》里的"六十四卦"，图像上是由两个八卦上下组合而成。按照一定的规律演化。在阴阳的变化中，阐述哲学思想。对我国传统文化，具有相当程度的影响。

缪篆 汉代摹制印章用的一种篆书体。王莽六书之一。形体平方匀整，饶有隶意，而笔势由小篆的圆匀婉转演变为屈曲缠绕。具绸缪之义，故名。清代则将汉魏印采用的多体篆文统称为"缪篆"，也称"摹印篆"。

现存建筑有演易坊、山门、周文王演易台、古殿基址，还有《周文王羑里城》《禹碑》《文王易》等碑刻10余通，这对我国研究《周易》和历史、书法，具有重要的史料价值。

文王庙建在羑里城遗址之上，坐北朝南，现存建筑是1542年重建的。

在城台的南下端，建有青石牌坊一座，上镌楷书大字"演易坊"。山门前两侧，各有碑石1通。西侧巨碑上刻"周文王羑里城"6个如斗大字。东侧方碑，则是著名的"禹碑"，又作《岣嵝碑》。上面写着77字，其书法非符篆，又非缪篆，颇为奇特。

拾级而上，山门巍峨屹立。参天的古柏布满了庙院。院内西侧便是演易台，相传这里是西伯姬昌被囚演易之所。上下两层，均是3间，楼高13米，建在1米

■ 文王坊

周文王羑里城

多高的砖石台基上。门额上阳镌"演易台"3字。

　　林立在庙院中的碑刻，均是明清以来帝王、文武官员以及文人学士颂扬文王的诗、赋、篇章。其中最为引人瞩目的是《文王易》碑，上镌《周易》64卦及其释卦辞文，是研究《周易》的重要实物资料。

　　此外，在羑里城的遗址中，还是一处蕴含丰富的龙山至商周时期的文化遗址，厚达7米的文化层断面依稀可见远古时期人们居住、生活的情景。此遗址已被列为国家级重点文物保护单位。

阅读链接

　　据说，周文王姬昌在羑里城里被关了7年。后来，他的臣子阂夭等人为营救文王出狱，找来很多美女、宝马、珠玉献给纣王。

　　纣王见了非常高兴地说："仅此美女就足够了，又何必献出这么多的宝物呢！"

　　于是便下令赦免了文王，让他出狱，并赏给他弓、矢、斧、钺，授权姬昌讨伐商朝那些不听命的诸侯。这就是我国历史书中说的文王"羑里之厄"。

古都内外寺院和佛塔的兴建

安阳地处中原，368年佛教传入安阳后，当地就在城西麻水村修建了第一座寺院龙岩寺。后来，由于战火，这座寺院已不复存在。

南北朝时期，东魏孝静帝定都安阳城以北的邺都城，并大兴佛教，在东魏境内大建寺院。这时的安阳为邺城的陪都，受东魏大兴佛教的影响，安阳市西南25千米处的宝山山谷之中，修建起了宝山寺。

■宝山寺

宝山寺又名灵泉寺，为东魏高僧道凭法师所创。寺院周围八山环抱，状若莲台。后来，隋朝建立后，开国皇帝隋文帝杨坚不仅为宝山寺御题了寺名"灵泉禅寺"，还诏请寺僧灵裕法师到长安，封灵泉寺为全国最高僧官"国统"，统管全国寺院僧尼。历史上，灵泉寺号称"河朔第一古刹"。

不过，现在此寺早已被毁，寺内只剩精美的唐代九级石塔1对，隋狮1对，唐碑3通。寺院东西两山计有石窟247座，是我国现存规模最大、时代最早、延续时间最长的摩崖浮雕塔林。

从隋唐到五代，安阳佛教处于兴盛时期，道教也有很大发展。到了隋朝，由于隋文帝从小是被尼姑养大，所以他当上皇帝后，命人在中原大地上大建寺院。在这一时期，安阳城内西北处修建了著名的寺院天宁寺。不过，这座天宁寺最终成为安阳城的重要古迹源于在寺院旁边的一座佛塔。

这座佛塔名为天宁寺塔，据说始建于五代十国的后周太祖郭威时期。此塔现在位于安阳市中心，坐落在一个高达2米的砖砌台基上，塔高38.6米，周长40米，平面为八角形。天宁寺塔七层莲花座下依平台，托承塔身。

塔顶为高10米的塔刹，宽敞的塔顶平台可容纳

■ 天宁寺古塔

道凭 道凭法师，生于姓韩的贫苦农民家庭。12岁因生活所迫，在其父亲的带领下，往南步行数十里，到贵乡县邵寺削发为僧，法号道凭。

郭威 字文仲，小名"郭雀儿"，五代后周的建立者。郭威即位后，减轻赋税，削减严刑峻法，任用贤臣，君臣合力，逐渐改革了一些弊政，使北方地区的经济、政治形势渐渐趋向好转。郭威在五代十国时期，是一个清廉勤政的皇帝。

其浮屠五级上有平台，下有券门，每层周围有小圆窗。塔身五层八面，层层出檐，顶大底小，形若伞状。塔身底层的四正面有雕塑精致的园券门，门顶用砖雕刻有"二龙戏珠"。

天宁寺塔为砖木结构，以砖砌为主，塔的最下层塔身较高，立于莲花座之上。塔的八面壁上分别饰有直棂窗、园券门和佛画故事砖雕，其刻工细致，形象逼真，造型动人。最下面的是塔基，塔基上是一个圆形莲花座，莲瓣共七层，上下交错，左右舒展，上承塔身，下护塔基，把塔装饰得更为美丽。

这种平台、莲座、辽式塔身、藏式塔刹的形式，世所罕见。再加上塔身下部8根盘龙柱之间，极其精美的佛教故事浮雕，历代名人登临后都赞叹有加。

为此，后来，该塔成为安阳城的重要标志。作为代表安阳古都文风的象征，天灵寺塔又名为"文峰塔"。但是，这座文峰塔却并不是安阳地区的第一座佛塔，那么，第一座佛塔，又是哪一座呢？

那便是始建于唐代德宗年间，素有我国"第一华塔"之称的修定寺塔。

此塔位于安阳市西北约35千米清凉山东南麓，也称为"唐塔"。因其门楣上镌刻着三世佛，故又称"三生

■天宁寺古塔

宝塔"。因塔身表面为橘红色，因此也叫作红塔。

塔身呈正方形，通高约16米成。塔的四面装有马蹄形团花角柱，两侧加滚龙攀缘柱。上檐外挑，形成雨棚，凹腰葫芦饰为顶盖，其装饰面积达300多平方米，无一处空白，远看其外貌如一顶坐北朝南华贵的方轿。这种佛、道的大融合体现了唐代文化中外交融、兼收并蓄的特点，是我国古代塔中的珍品。

■唐塔

在这座佛塔的旁边，还有因塔而命名的一座寺院修定寺。整个寺院布局坐北朝南，有3重院落，主要殿堂有：天王殿、大佛殿、二佛殿及铁瓦殿，四座大殿排列得错落有致。著名的修定寺塔就在天王殿与铁瓦殿之间。

阅读链接

关于安阳文峰塔的建造时间存在两种说法。一种说法是《安阳县志》上记载建于952年。另外一种说法认为文峰塔建于1065年，这在明成化年间的《河南总志》中有述。那么这两种说法那一种更为确切呢？这要从塔开始说起。

汉明帝时佛教传入洛阳，他死后，葬于西北的显节陵，内建一印度式塔。这个时期的佛塔具有明显的印度式造型风格。

唐朝时，佛塔多不设基座，塔基本都是四边形，而到了五代时期，塔已经过度到了六边形和八边形了。

在南北朝时期，河南嵩山嵩岳寺塔是保存至今的最早的一座砖塔。这座佛塔和文峰塔属于同一风格。为此，人们认为，安阳的文峰塔建于后周太祖郭威时期的可信度更高一些。

南宋时为纪念岳飞建岳飞庙

时间推移到了12世纪初，1103年的一天，在我国的安阳汤阴县菜园镇程岗村里，出生了一位男孩。这位男孩后来成为了汤阴人民的骄傲。他便是我国历史上著名的抗金英雄岳飞。

岳飞，字鹏举，从16岁起开始从军，32岁时当上了节度使，并先后出任太尉、宣抚使、枢密副使等职。在他任职期间，他曾四次举兵北伐，出师中原，收复郑州、洛阳等失地，大破金兵于郾城。

1142年，岳飞被奸臣所害，最后含冤而死，后人为了纪念他，便在安阳汤阴县城内建成了一座庙宇，取名精忠

■岳飞（1103—1142），字鹏举，北宋人。我国历史上著名的战略家、军事家。岳飞在军事方面的才能则被誉为宋、辽、金、西夏时期最为杰出的军事统帅，同时又是两宋以来最年轻的建节封侯者、连结河朔之谋的缔造者。

庙，又名岳飞庙，也称"宋岳忠武王庙"。

■宋岳忠武王庙

安阳汤阴县内现存的岳飞庙是明景泰元年，即1450年重建的。历代曾多次修葺，增建，至今占地6400余平方米，共有六进院落、殿宇建筑100多间。

岳飞庙坐北朝南，外廊呈长方形。临街大门为有名的精忠坊。精忠坊使用了6根木柱子，托起了5架房顶，古建筑学上有个说法，称之为"三间六柱五楼不出头"，实属建筑奇品。坊之正中阳镂明孝宗朱佑樘赐额"宋岳忠武王庙"。

精忠坊两侧墙上书有"忠""孝"两个大字，书写者乃明代万历年间彰德府的推官张应登。过精忠坊为山门，坐北朝南，三开间式建筑，两侧扇形壁镶嵌有滚龙戏水浮雕，门前一对石狮分踞左右。

山门檐下一排巨匾，上书"精忠报国""浩然正气""庙食千秋"，是后世书法家的手笔。

张应登 字玉车，四川省内江县人，进士出身。1585年，就是明代万历十三年冬，他担任彰德府推官兼林县知事。张应登学识较深，为官清正，执法严明，为百姓称道。

■ 岳飞庙中的岳母刺字壁画

岳云 岳飞的长子，我国历史上少有的少年杰出英雄。他慷慨忠勇，颇有父风，在反抗金兵侵略战斗中屡立奇功，百战百胜。却于绍兴十一年除夕和父亲岳飞及部将张宪一起惨遭杀害，死时年仅23岁。

山门对面为施全祠，内塑后来刺杀秦桧惨遭杀害的忠臣施全的铜像。前石阶下是 5 具十分抢眼的铸铁跪像，他们就是当年残害岳飞的奸臣秦桧及老婆王氏、张俊、王俊、万俟卨。在这五具跪像的后面，施全手举宝剑，怒目圆睁，镇压着这些遭人唾弃的败类们。

岳飞庙的建筑很别致。精忠坊面西，而庙里主体建筑是坐北朝南的。拾级而上，越过挂满历代名人书丹匾额的山门，就是一处碑林。这里的规模虽不及西安的碑林，但是真、草、隶、篆书体皆备，其中也不乏乾隆、光绪、慈禧等人的墨迹。

岳飞庙的正殿面阔五间，进深3间，高10米，绿色琉璃瓦顶，整体建筑巍峨庄严，气势恢弘。大殿门楣数块巨匾"百战神威""乃文乃武""忠灵未泯”“乾坤正气”。

其中，“百战神威”和“忠灵未泯”分别为清光绪皇帝和慈禧太后所题。正殿之内的岳飞塑像头戴帅盔，金盔金甲，轻靴战袍，手握宝剑，既有文官的气质，又有武将的威严。上悬岳飞手书“还我河山”。

此外，岳飞庙里还有几间厢房，分别是供奉岳飞长子岳云的岳云祠，供奉岳飞次子、三子、四子、五子的四子祠，供奉岳飞孙子岳珂的岳珂祠，供奉岳飞女儿岳孝娥的孝娥祠，以及岳飞部将张宪的张宪祠。

其中最引人注目的当然是贤母祠。据说，岳飞24岁那年，金军再次侵犯中原。岳家家境贫寒，又有妻室儿女，岳飞向母亲提出要再次从军。岳母深明大义，毅然担起了家庭的重担，送儿子岳飞上战场。临行之时，这位伟大的母亲亲手在岳飞的背上刺下了“尽忠报国”4个大字，激励儿子为国尽忠。

岳母刺字的故事流传数百年来，教育与激励了一代又一代中华儿女，为民族的自由解放而英勇献身。

岳珂 南宋文学家。字肃之，号亦斋，晚号倦翁。岳飞的孙子，岳霖的儿子。1217年，出知嘉兴。后为承议郎、江南东路转运判官、除军器监、淮东总领。1227年，为户部侍郎、淮东总领兼制置使。

乾坤 八卦中的两爻，代表天地，衍生为阴阳、男女、国家等人生世界观。乾：代表天，坤：代表地。古人以此研究天地、万物、社会、生命和健康。

阅读链接

在岳飞庙正殿前方的神道上，还有一座富丽堂皇的御碑亭，但是亭子里却不见有碑。那么，这块儿御碑是哪位皇帝御笔亲题的？碑又到哪里去了？

他就是风流天子乾隆。1750年秋，清高宗弘历巡视嵩山返京路过汤阴岳飞庙，在拜谒岳飞后，由衷地写下了一首七言律诗加以赞颂。按理，碑亭不应建在神道正中，但封建社会皇权至上，所以破例。

后来，人们把乾隆诗碑移到了山门外的东侧。

清末两广巡抚建成马氏庄园

清朝末年，我国两广巡抚马丕瑶在自己的故乡安阳西蒋村修建了一座漂亮的建筑群作为自己的家园，这座建筑群被人们称为马氏庄园。

这庄园的主人马丕瑶是安阳县西蒋村人，1862年进士。他为官30多年，勤政务实，政绩卓著，深受百姓爱戴和朝廷信赖，为此，百姓

马氏庄园

■ 马氏庄园养心堂

称呼他为"马青天"，光绪帝也褒奖他为"鞠躬尽瘁""百官楷模"。

在马丕瑶退休后，为了光大自己的家族，他命人在自己的家乡修建了马氏庄园。

这座庄园建于1885年，前后营建了50多年，建成后，占地面积为2万多平方米，建筑面积达5000多平方米，被誉为"中原第一宅"。

此庄园建筑共计6组，每组分4个庭院，共建9扇大门，俗称"九门相照"，有门、厅、堂、廊、室、楼，共308间。

整座建筑群分南、中、北3个区6路，共计21处院落，南区1路，坐南朝北，5重院落。中区4路，坐北朝南。

其中，西三路各建4重院落，东路建2重院落，

马丕瑶 字玉山，清代广东巡抚。1862年进士，历任重要官职。他创建官书局，惠及读书人而广施教化。倡办蚕桑，开设机坊。1894年任广东巡抚。后因忧愤国事死于任上。

■ 马氏庄园建筑

马吉樟 字积生，号子诚，晚年号坚壮翁。马丕瑶次子、马吉森之弟、马青霞的二哥。1879年中举，1883年进士，选为庶吉士。曾任清末翰林院编修、国史馆协修、会典馆总校、侍讲、侍读、日讲起居注官和湖北按察使等职。

再往东为马家园林。北区1路，亦坐北朝南，2重院落。除北区及中区东路外，每路均由4个"四合院"组成，均开9个门，自前向后依次排列在一条中轴线上，形成前门、中厅、后楼"九门相照"的格局。前半部分，用来对外接待宾客，后半部分为内宅。

庄园的北区位于中街路北，坐北朝南，前后2个四合院，后院之东西又各建一跨院，称为"亚元扁宅"。园内建筑多为硬山顶式的楼房，原来是马丕瑶祖上旧宅。马丕瑶的4个儿子分家时，将此区分给了次子马吉樟。

中区在三区中是规模最大的，约占整座庄园的2/3。它坐落在南街之北，亦坐北朝南，各类建筑共计158间，由家庙一路和住宅3路组成，其中家庙居东，住宅区居西，四路建筑各自成体系，左右又互相呼应。

家庙正门下层辟3道拱券门，上为读书楼五间。头进四合院东西厢房各5间，曰"东塾""西塾"。正房过厅5间，悬山顶，前后带廊，高台基，名曰"燕翼堂"；后院厢房各3间，东为"遗衣物所"，西为"藏祭器所"。正殿5间，高大宏伟，名曰"聿修堂"，即享堂。前建月台。

住宅三路的建筑形式及格局大同小异。中路大门高大宏伟，而东、西正门则均为洞券门，西路大门内又建有屏门。只有中路建有二门，内置屏门。后院又有不同：西路主房为平房5间，而中路、东路主房则各为楼房5间，东路东厢又为3间楼房。

在建筑规格上，中路为高，东路次之，西路又次之。在建筑时间上，西路较早，于1883年始建，中路于1887年始建，东路则于1889年始建。后来，马氏兄弟分家，东路归长子马吉森所有，西路归四子马吉枢所有。

■马氏庄园建筑

屏风 古时建筑物内部挡风用的一种家具，所谓"屏其风也"。屏风作为传统家具的重要组成部分，历史由来已久。屏风一般陈设于室内的显著位置，起到分隔、美化、挡风、协调等作用。它与古典家具相互辉映，相得益彰，浑然一体，成为家居装饰不可分割的整体，而呈现出一种和谐之美、宁静之美。

南区与中区隔街相望，原设计为3路，其中东路建成于1924年，而中、西二路仅将大门及临街房建成，后因时局变化，尚未建成。

南区东路坐南向北，亦为9门相照，前后共计4个四合院。其中头进院和三进院相对较小，分别建有二门、三门，门两侧各为2间廊房，东西厢房各为3间；二进院和四进院比较大，其正房均为7间，东西厢房各为5间。

南区的建筑规模和规格，都明显高于中、北二区，这不仅表现在建筑体量的增大，大门的增多，而且表现在精美的石、砖和木雕建筑物件的大量使用。究其原因，南区为民国时期所建，已不再受封建社会的种种规定和限制。马氏四兄弟分家时，分给老三马吉梅。

■ 庄园内部装饰

■ 马氏庄园门楼

整个庄园的建筑大部分为硬山顶、悬山顶、卷棚顶式，青砖蓝瓦。庄园装饰丰富多彩，石柱底部为方形，雕兽头、花草，上部为扁鼓形，刻连珠，部分门墩雕刻对狮。门窗上、房檐下都是木刻砖雕，图案繁多，富丽堂皇。庄园留有家训屏风，马丕瑶"进士第"、马吉昌"太史第"等众多匾额和铜镜，长2.87米的慈禧"寿"字中堂，光绪御笔碑文。

此外，建筑群体之外，周围还有马氏义庄、座庄、文昌阁、马厩、仓库、柴草库、马氏祠堂以及北、中、南3座花园等附属建筑，总占地面积在7万平方米以上。

整个庄园设计合理，布局严谨，主次分明，左右对称，前低后高，错落有致，气势宏伟壮观，被誉为

铜镜 一般是由含锡量较高的青铜铸造。在古代，铜镜就是古代用铜做的镜子与人们的日常生活有着密切关系，是人们不可缺少的生活用具。它制作精良，形态美观，图纹华丽，铭文丰富，是我国古代文化遗产中的瑰宝。镜以秦代为古，批量铸镜始于秦朝。

■马氏庄园进士第匾额

"中州大地绝无仅有的大型封建官僚府第"。

安阳这座具有3300多年历史的古城，成为商代后期政治、经济、文化的中心后，相继又有三国时期曹魏、五代十六国时期后赵、前燕、东魏、冉魏、北齐等在安阳北郊的邺城建都。安阳也因此成为我国的"七朝古都"。

古都开封

开封位于河南省东部，是我国八大古都之一和国务院首批公布的24座历史文化名城。开封简称汴，有"十朝古都""七朝都会"之称。

在我国的历史上，开封曾被称为大梁、汴梁、东京和汴京等。历史上曾先后有魏国、后梁、后晋、后汉、后周、北宋和金7个王朝建都于开封。

开封城市格局形成较早，古城风貌浓郁，北方水城独特，有着悠久的历史文化。自北宋以来，开封就享有戏曲之乡、木版年画之乡、汴绣之乡、菊花之乡和盘古之乡的美誉。

从储粮仓城演变而来的古都

古都的厚重历史遗韵

开封出土的古砖

开封位于河南省郑州市以东的黄河中下游南岸，北依黄河，南接黄淮平原，东临华东诸省。古称汴梁、汴京、东京，简称汴，是我国八大古都之一，先后有战国时的魏，五代时期的后梁、后晋、后汉、后周以及北宋和金朝定都于此。所以开封素有七朝都会之称。

据考古发掘，在开封的万隆岗遗址中有石镰、陶器等新石器时代的遗物。在尉氏县县城西南的断头岗也发现了一处新石器早期裴李岗文化遗址，

开封古城

125

七朝都城

古都开封

相继发掘有石器、陶器以及人骨和兽骨等。

这些考古发掘证明，早在五六千年前，在开封就已经有了人类活动。不过，关于开封城的建立和命名，却要从春秋和战国时期说起。

春秋时期，开封境内先后建有"仪邑"和"启封"两座古城。"仪邑"是开封历史上有记录以来最早的名字，是卫国的一座小城，建在大湖蓬泽以北，而启封城是后来郑庄公建在大湖蓬泽以南的储粮仓城，取"启拓封疆"之意，定名"启封"。

战国时期，七雄争霸中原。地处关中的秦国不断强大。为躲开秦国的威胁，原建都于山西安邑的魏国，于公元前364年迁至"仪邑"，并筑"大梁"城。这是开封有明确历史记载的第一次建都。

大梁城比现在的开封古城略大，位于现存开封城

五代 五代十国简称五代。唐朝灭亡之后，在中原地区相继出现了定都于开封和洛阳的后梁、后唐、后晋、后汉和后周5个朝代以及割据于西蜀、江南、岭南和河东等地的十几个政权，合称五代十国。五代并不是一个指朝代，而是指介于唐宋之间的一个特殊的历史时期。

卫国 西周王朝的诸侯国。周武王灭商后，赐同母弟封康邑，史称康叔封，后又将原来商都周围地区和殷民七族封给康叔封，让康叔迁徙至殷商故都，建立卫国，定都朝歌即今河南鹤壁市淇县。秦灭六国时，卫国因为弱小而得以保存。

关中 又称关中平原，地处陕西省中部。西起宝鸡大散关，东至潼关，南接秦岭，北到陕北黄土高原，号称"八百里秦川"，是我国重要的商品粮产区。

■ 开封禹王台御书楼

郡县制 指对我国古代实行中央集权体制下，郡、县二级政权的地方行政制度的总称，郡、县长官均由朝廷任免，代表皇帝或国王对地方进行管理。秦统一后郡县制遂遍行于全国，汉继秦制，比秦更为严整。

的西北部。魏国迁都大梁之后，引黄河水入圃田泽即今郑州圃田开凿鸿沟和引圃田水入淮河。水利即兴，农业、商业得到极大发展，日趋繁荣。大梁遂发展为中原商业都会，人口达30多万。

秦国统一六国后，大梁城被毁。同时，秦国实行郡县制，大梁作为败亡国的国都被降为"浚仪县"，从此，大梁降为一般郡县城市。

公元前168年，梁孝王刘武先定都启封，后迁商丘。他在启封即今开封市东南方筑规模宏大的梁园，绵延数十里。

到了西汉时，汉文帝名字叫刘启，为了避汉文帝名字的讳，就把启封的"启"改成了"开"，因为启和开是同义词，这便是最早"开封"的由来。

在现存的开封古都内，至今还保存着从遥远的春秋和战国时期遗留下来的名胜古迹，这就是古都开封著名的禹王台。

禹王台，又名古侯台，位于开封城外东南约1.5千米处。现存地址已经开辟为禹王台公园。园内原有一土台，相传春秋时，晋国大音乐家师旷曾在此吹奏乐曲，故后人称此台为"吹台"。

后来，因开封屡遭黄河水患，为怀念大禹治水的功绩，1523年，人们在吹台上建造了座禹王庙，庙内塑有高大的禹王像，东西两个配殿安放着师旷及李白、杜甫、高适三位诗人的塑像。禹王庙后改名禹王台。每年4月开封禹王大庙会都在此举行，热闹非凡。

此外，在禹王台公园的西侧，还有一座长约百米自然形成的宽阔高台，因附近原来居住姓繁的居民，故称为繁台。北宋时期，每当清明时节，繁台之上晴云碧树，殿宇峥嵘，已经是一片早春的景色，是开封城内居民郊游踏青的最佳地点。

北宋诗人石曼卿来此地春游时写诗云："台高地回出天半，了见皇都十里春。"他用古诗赞美在繁台春游时，还能欣赏到北宋皇都春天的景色。于是，著名的汴梁八景之一的"繁台春色"也由此而得名。

阅读链接

现今禹王台公园内的主要景点有：纪念师旷的古吹台；康熙亲书"功存河洛"牌匾的御书楼和乾隆御碑亭；为纪念李白、杜甫、高适三位大诗人登吹台吟诗作画而建的"三贤祠"；纪念大禹治水的禹王殿；纪念37位治水功臣的"水德祠"；等等。

园内古树参天，奇树佳卉，亭廊楼阁，风光旖旎。登临其间，令人游目骋怀而心旷神怡。"梁园雪霁""吹台秋雨"，从明清至今被誉为著名的汴梁八景之一。

林木茂盛、环境幽雅的禹王台公园现已成为古都开封的一处主要浏览胜地，是名副其实的千古名园。

历朝古都留下的"城摞城"

960年，宋太祖赵匡胤建立北宋，定都汴州，称为"东京"。从此掀开了开封在我国古代都城发展史中崭新的一页。

之后，经过北宋九帝168年的大力营建，开封终于在11世纪至12世纪初成为我国乃至世界上最大最繁荣的城市。

在此期间，北宋帝王们命人将开封城建成了由外城、内城、皇城3座城池相套的宏大城郭。

据史记载：北宋后期，东京外城周长约为2.5千米，高约14米，宽约20米，居住人口达150余万。经金、元、明、清各朝代，开封城几经战火、水

■赵匡胤（927—976年），宋太祖，大宋王朝的建立者，祖籍河北涿州。960年，他代周称帝，建立宋朝，定都开封。在位16年。在位期间，加强中央集权，提倡文人政治，开创了中国的文治盛世，是一位英明仁慈的皇帝，是推动历史发展的杰出人物。

患，一代名城逐渐湮没于历史长河。

■开封北宋皇宫遗址

现存的开封古城墙是新中国成立后，考古队经过多次调查、钻探和发掘发现的。

古城在开封地下3米至12米处，上下叠压着6座城池，其中包括3座国都、2座省城及1座中原重镇，构成了"城摞城"的奇特景观。

其中，开封"城摞城"最下面的城池魏大梁城在地面下10余米深。唐汴州城距地面10米深左右，北宋东京城距地面约8米深，金汴京城约6米深，明开封城约5米到6米深，清开封城约3米深。

整座古城是一个东西略短、南北稍长，由内向外依次筑有皇城、内城、外城，并各有护城壕沟的都城。它不仅城高池深，而且墙外有墙，城中套城。

外城又名新城、郭城、罗城，是北宋东京城军事防御的第一道屏障。这座城墙始建于后周显德年间，

后周 五代之一。951年，郭威称帝，并改国号为周，史称后周，定都开封。历经3帝，共计10年。960年，殿前都点检赵匡胤在领兵抵御北汉和辽的进攻时，在开封东北的陈桥驿发动了"陈桥兵变"，后周就此灭亡。

开封府城门

宋朝以来，多次对外城进行了修葺和扩建，使其逐步成为一座城高池深、壁垒森严的军事城池。

现存外城周长近30千米，其中西墙长约7.5千米，东墙长近8千米，南墙和北墙长约7千米。外城四周有护城河，宽约40米，距今地面深11米左右。

城墙一般埋在地面下约4米深处，底宽30米左右，高6至9米，顶部残宽近4米。城墙夯筑，夯层厚0.08至0.14米，夯面上有较密的圆形夯印。位于开封市金明区西郊的高屯村和三间房村之间的西南城角保存最好，尚高出地面1米左右。

据文献记载，外城原有12座城门和9座水门，现已探明19处。

这些城门，除东部只有4座城门以外，其余三面都是5座城门。其中，位于东部东南的东水门和东北水门、西边的西水门和西北水门，南部的普济水门和广利水门，以及北部的永联水门是为河道而准备的水门。

其他的城门，除了东边的新宋门、南边的南墙正门南薰门、西边的西墙正门新郑门、北边的封丘门是直门2重，也就是与原有的城门相重合，其余城门都是"瓮城三层，屈曲开门"。有的瓮圈面积达1.3万平方米，为历代都城所少见。同时，新宋门、南薰门、新郑门、封丘门与东南西北4条御街相连，是在不同方向上的4座主要城门。

其中，新郑门在后周时又被称为迎秋门，又因向西可直通郑州且与内城郑门相对，故又俗称新郑门。新郑门外大道南北分别为北宋四苑之一的琼林苑和北宋时著名的皇家园林金明池。

内城又称阙城、里城、旧城，是东京城的第二道城墙，也是衙署、寺观和商业集中的地方。

此城墙是在唐代汴州城的基础上修建而成的。整座内城呈东西稍长南北略短的长方形，坐落在现在开封市的旧城区。

其南墙位于现存明清城南墙北约300米处，北墙位于宋代皇宫后御龙亭大殿北约500米处。东西墙与

瓮城 为了加强城堡或关隘的防守，而在城门外修建的半圆形或方形的护小城，属于我国古代城市城墙的一部分。瓮城两侧与城墙连在一起建立，设有箭楼、门闸、雉堞等防御设施。瓮城城门通常与所保护的城门不在同一直线上，以防攻城槌等武器的进攻。

■ 开封府内陈设

■ 宋徽宗 （1082—1135年），赵佶，宋哲宗的弟弟，是宋朝第八位皇帝。赵佶先后被封为遂宁王、端王。1100年，向皇后立他为帝。第二年改年号为"建中靖国"。宋徽宗在位25年，国亡被俘受折磨而死，终年54岁，葬于永佑陵。他自创一种书法字体被后人称之为"瘦金书"。

现存的开封明清城墙东西墙基本重叠。四墙全长约11.5千米左右，与文献记载的"二十里一百五十五步"基本吻合，其周长较现存的明清城墙略小。

由于内城在北宋末期靖康年间遭到了较大破坏，金朝末年金廷定都开封期间曾将内城南北墙进行了扩展，所以内城遗址与外城遗址相比，毁坏较为严重。

内城的南北墙只剩下了宋代地面下的墙基部分，距地表深8米至9.8米，墙基残高0.6米至1.8米，残宽3米至10米。

这说明金宣宗曾将内城南北墙铲平后又向外扩展，所以南北墙只保留了金代地面下的墙基部分。而内城的东西墙则没有受到扩展的影响，因而保存得比较完好。

这些城墙遗址表明，金代和明清两代都曾在宋内城基础上屡次修筑城墙，几座不同时期的城墙叠压在一起，便形成了开封城下特有的"城摞城"奇特景观。

据史载，北宋内城共有10座城门，2座水门。由

北宋 与南宋合称宋朝，又称"两宋"。北宋由后周末帝禅让赵匡胤开始。太祖即位后将手握重兵的将军与地方官吏的武将军权予以剥夺，委以虚职，免于出现唐朝藩镇割据的局面。但是这也导致宋朝在对辽及西夏的战争中失败。1126年金兵攻入开封，次年灭亡。共历9帝，167年。

于内城遗址勘探中只能利用旧城内稀少的空地进行，因此很难确定城门的确切位置。迄今为止，只有朱雀门和汴河西角门子以及大梁门的位置已大致测定，其余各门尚无踪迹可循。

其中，大梁门是开封古城的西门，始建于唐建中二年，即781年，北宋时又称为"闾阖门"，俗称西门。其城门楼后屡经战乱和风雨水患，残败破落，终遭拆除。

开封现存的大梁门是新中国时期重建，是开封目前唯一重建的一座城门，成为古都的重要象征。城门基采用青砖结构，设拱形门洞3个，城楼采用重檐歇山式建筑风格，雕梁彩绘，古朴典雅，雄伟壮观。

开封古城的皇城又称大内、宫城，位于内城北部稍偏西处，也就是龙亭大殿北侧到午朝门一带，周长近2.5千米，共辟6门，南面正门为宣德门，宋徽宗在其画作《瑞鹤图》中，曾将宣德门的巍峨气象如实描绘了下来，使后人得以观瞻其庄严肃穆、金碧辉煌的景象。

北宋皇城呈东西略短、南北稍长的长方形。其东、西墙各长约690米，南、北墙各长约570米，四墙全长约2.5千米左右，与史书《宋史·地理志》等记载的宋皇城"周回五里"大致吻合。

《宋史》二十五史之一，1343年由元丞相脱脱和阿鲁图先后主持修撰，《宋史》与《辽史》《金史》同时修撰。《宋史》全书有本纪47卷，志162卷，表32卷，列传255卷，共计496卷，约500万字，是二十五史中篇幅最庞大的一部官修史书。

■ 开封府内古文碑

■ 开封府复原图

在宫城南半部中轴线上，有一处平面呈"凸"字形的夯土建筑台基，是北宋皇宫内的正殿大庆殿。基址东西面阔约80米，南北进深60多米，残高6米左右。台基四壁均用青砖包砌，四周环有宽约10米、长近千米的包砖夯土廊庑基址，各面有门。

除在宋内城和皇城遗址发现的"城摞城"现象外，在考古过程中，考古专家们还发现了古城很多"路摞路""门摞门""马道摞马道"的奇特现象。

繁华的中山路是开封市旧城的中轴线，其地下8米处，正是北宋东京城南北中轴线上的一条通衢大道御街，中山路和御街之间，分别叠压着明代和清代的路面，这种"路摞路"的景观还意味着，从古代的都城到现代的城市，层层叠加起来的数座开封城，南北中轴线居然没有丝毫变动。

另外，考古学家还在开封城墙西门大梁门北侧发掘出一条晚清时期的古马道遗迹，并在其下深约1米处，又发现了一段保存完好、人行道和石阶清晰可见的古马道遗迹。

更令人惊奇的是，在第二层古马道下约0.5米深的地方，又发掘出一条砖层腐损严重、使用时间较长、年代更为久远的古马道。

三层古马道上下层层相叠，以立体的形式真切展示了开封城下"城摞城"的奇特景观，再次为"城摞城"现象的研究增添了更为确凿的实证。

北宋东京城遗址发现之后，开封政府对重要遗迹附近的建设工程严加控制。1989年划定这些古城墙为文物保护范围，并建立石质保护标志碑。

阅读链接

在我国古代都城发展史上，有一个颇为有趣的现象是，古都开封虽历经兵燹水患，基本上都是在旧城址上屡建屡淹，又屡淹屡建，形成奇特的"城摞城"现象。那么，当时的统治者为何这样对开封情有独钟呢？

首先，从自然环境上看，开封与其他古都相比，有着极为优越的水利网络设施，这里一马平川，河湖密布，交通便利。不但有人工开凿的运河汴河与黄河、淮河沟通，还有蔡河、五丈河等诸多河流，并且开封还是这些河流的中枢和向外辐射的水上交通要道，这一点是我国其他古都远远不能比拟的。

从文化地理的角度来看，开封地处中原腹地，自古就有"得中原者得天下"的说法。这些原因让古代的统治者不愿轻易放弃这块宝地。

繁荣北宋留下的古迹与文化

古都的厚重历史遗韵

在北宋统治开封古都的160多年里，城内交通水陆兼容，畅通无阻。都城建设在布局上、实行坊市合一，人口一度达到150多万。

同时，城内的商品经济也得到空前的发展。开封古都不仅成为当时全国的政治、经济、文化中心，而且成为"人口上百万，富丽甲天下"的国际大都会。开封古都从此进入了它历史上的黄金时代。

关于这段黄金时期，北宋著名宫廷画家张择端用一副《清明上河图》生动地描

■ 张择端（1085—1145），北宋画家。字正道，琅邪东武，即今山东诸城人。宣和年间任翰林待诏，擅画楼观、屋宇、林木、人物。所作风俗画市肆、桥梁、街道、城郭刻画细致，界画精确，豆人寸马，形象如生。存世作品有《清明上河图》等。

绘了出来。

这件享誉古今中外的传世杰作，在问世以后的800多年里，曾被无数收藏家和鉴赏家把玩欣赏，也因此成为了后世帝王权贵巧取豪夺的目标。

它曾辗转飘零，几经战火，历尽劫难……演绎出许多传奇故事。现在，被作为故宫十大镇馆之宝之一，存放在北京故宫博物院内。

当然，在被北宋统治了100多年的开封古都内，除了张择端留下的著名画作，还留下的丰富的文物古迹遗存，最著名的古迹建筑有：御街、开封府、包公祠、天波杨府、开宝寺铁塔、金池和州桥等。

其中，御街是开封城南北中轴线上的一条通关大道，它从皇宫宣德门起，向南经过里城朱雀门，直至外城南熏门止，长达约5千米，是皇帝祭祖、举行南郊大礼和出宫游幸往返经过的主要道路，所以称其为"御街"，也称"御路""天街"或者"宋端礼街"。

据《东京梦华录》中记载，御街宽约200米，分为3部分，中间为御道，是皇家专用的道路，行人不得进入，两边挖有河沟种满了荷花，两岸种桃、李、梨、杏和椰树，河沟两岸有黑漆叉子为界，在两条河沟以外的东西两侧都是御廊，老百姓买卖于其间，热闹非凡。

开封城内的开封府名扬中外，是北宋时期的天下

■ 《清明上河图》局部

故宫 位于北京市中心，旧称紫禁城。于1420年建成，是明、清两代的皇宫，是我国古代无与伦比的建筑杰作，也是世界现存最大、最完整的木质结构的古建筑群。故宫建筑由前朝与内廷两部分组成，四周有城墙围绕，四面有筒子河环抱，城四角有角楼。四面各有一门，正南的午门是故宫的正门。

首府。开封府规模庞大，气势宏伟。包拯任开封府尹时，铁面无私，执法如山，扶正祛邪、刚直不阿，美名流传古今。

包公祠位于开封城西南碧水环抱的包公湖畔，占地1万平方米左右，建有大殿、二殿、东西配殿、回廊和碑亭等，风格古朴，庄严肃穆。东侧为灵石苑，由石雕和水榭构成，典雅别致。祠内列有包公铜像，龙、虎和狗铜铡，包公断案蜡像，包公史料典籍和《开封府提名记碑》碑文，等等。

开封城内的天波杨府是北宋抗辽名将杨业的府邸，因位于京城西北隅天波门的金水河旁，故名天波杨府。史书记载，宋太宗赵光义为表示对杨家世代抗辽报国的敬仰，敕在天波门的金水河边建无佞府一座，并亲笔御书"天波杨府"匾额。同时，他还下御旨：经天波府门，文官落轿，武官下马。杨业为国捐躯后，改为家庙，名曰"孝严寺"。

天波杨府主体建筑有钟鼓楼、天波楼、东西配

■天波杨府正门

殿、杨家将群塑、佘太君庙、校
场、点将台、帅旗以及杨家兵器等
大量实物资料。园内花木繁茂，幽
静典雅。整座建筑结构匀称，古朴
典雅，庄严肃穆。

金池也称金明池，位于开封市
西郊演武庄一带，是北宋时皇家园
林之一，也是当时水上游戏和演兵
的场所。在它周围有仙桥，桥面三
虹，朱漆阑楯，下排雁柱，中央隆
起，称作骆驼峰。仙桥桥头有五殿相连的宝津楼，位
于水中央，重殿玉宇，雄楼杰阁，奇花异石，珍禽怪
兽，船坞码头，战船龙舟，样样齐全。

州桥是北宋时期开封京城内横跨汴河、贯通皇城
的一座石桥，位于开封市大纸坊街东口至小纸坊街东
口之间。据《东京梦华录》记载，州桥是一座镌刻精
美、构造坚固的石平桥，是四通八达的交通要道，也
是当时汴河桥中最壮观的一座。

除此之外，开封古城的水运也十分兴隆，仅贯穿
全城的水道就有汴河、惠民河、五丈河和金水河。

朱仙镇位于汴州城南10千米处，北宋末年著名抗
金大将岳飞曾率军于此大破金兵，为纪念其功绩，有
人在朱仙镇建了一座规模宏大的岳王庙。

朱仙镇岳飞庙，俗称岳王庙。该庙始建于1470年
秋。该庙占地1.8万平方米。这座庙坐北朝南，外廊
呈长方形，三进院落。经明、清两代的多次整修和重

■ 包拯画像

佘太君 名赛花，
曾祖父曾任后唐
麟州刺史，隶属
李克用。父折德
扆，后汉隐帝特
任府州团练使。
据清代兵部尚书
毕沅《吴中金石
记折克行碑》中
记载，折恭武公
克行神道碑，在
府谷县孤山堡以
南，碑刻叙述了
有关折太君的事
迹。人们就把此
碑称为折太君
碑。其墓在保德
州南折窝村。折
太君即佘太君。

河南开封朱仙镇岳飞庙

建，整个殿堂恢宏庄严，碑亭林立。朱仙镇岳飞庙与汤阴、武昌和杭州岳飞庙统一称为全国四大岳飞庙，享誉中外。

在庙内前院正殿中供有岳飞及其部将的塑像，后院大殿里有岳飞夫妇塑像，东西厢房里分别供着岳飞的儿子和儿媳的塑像。庙院里保存有两座岳飞亲笔书写的送紫岩张先生北伐诗和《满江红》词碑刻。

阅读链接

虽然很多人认为《清明上河图》的作者是北宋时期的张择端，但也有一种说法认为此画不止由张择端一人所画。

这幅作品历时10年才画成。这幅画受到历代画家的喜爱，因而又有了许多仿本出现。其中"明四家"之一仇英仿作的《清明上河图》影响最大，苏州一带坊间大都以"仇本"为底本。

新中国成立后，在开封市龙亭湖西岸，建成了以宋代画作《清明上河图》为蓝本，按照《营造法式》为建设标准的清明上河园。此园集中再现了《清明上河图》上的风物景观，再现了世界闻名的古都汴京千年繁华的胜景，是我国第一座以绘画作品为原型的仿古主题公园。

金末时始建道教名观重阳观

1169年，道教全真教创始人王重阳带领丘处机等4个弟子来到开封古都，寓居于瓷器王氏的旅馆中。

在开封，王重阳收下时称"孟四元"的孟宗献为徒。那么，什么是"孟四元"呢？就是"四元及第"的意思。

要知道，在我国古代，"三元及第"就已经是读书人的最高梦想了。

在我国上千年的科举史上，只有12人曾经"三元及第"。而孟宗献乡试、府试、省试、廷试都是第一，是我国科举史上唯一的"四元"状元。

由于这位孟宗献在当时非常出名，为此，当他拜王重阳为师后，此事在开封古都引起了一时的轰动。

开封延庆观牌匾

■ 开封延庆观铜像

王重阳（1112—1170），我国道教分支全真道的始创人，后被尊为道教的北五祖之一。他有7位出名的弟子，在道教历史上称为北七真。著作有传道诗词约千余首，另有《重阳立教十五论》《重阳教化集》《分梨十化集》等，均收入《正统道藏》。

几年后，王重阳在开封仙逝，他的灵柩暂放于孟宗献家的后花园中。他的丧事也是由新弟子孟宗献一手操办的。

据说，王重阳寓居瓷器王氏旅馆期间，王氏对王重阳不太礼貌。王重阳对王氏说道："我现在住在这个地方，他日要让子孙为我在此建一座宫殿。"

王氏认为王重阳是在发狂言，说气话。但没想到，王重阳逝世的几年后，他的弟子们为了纪念他，便买下了王家大宅，并在原址上大兴土木，历时30年，建起了一座广袤七里、气压诸方的壮丽道观。

由于此道观是为了纪念王重修而修建的，为此，道观建成后，人们为它取名为重阳观，又名朝元宫。

后来，原道观毁于兵火，现存建筑1373年重建，并改名为延庆观。

延庆观位于开封市市中心的观前街，南临开封府、东为相国寺、西接包公祠，是开封市包公湖风景区重要景点之一，它与北京的白云观、四川的常道观并称为我国的三大名观，堪称为中原第一道观。

延庆观的主体建筑玉皇阁，又名通明阁，坐北朝南，通高18.25米，用青砖和琉璃瓦件构成，结构严谨，富于变化，共为3层，下层为方形，4坡顶，室内下方上圆，4角砌出密集斗拱，顶似蒙古包，中层呈棱状，8面壁体上附加相互连接的8座悬山式建筑山面。

上层为八角阁室，南北各辟一门，室内放置着玉皇及左右侍臣石雕像。阁顶作攒尖式，琉璃瓦顶上施铜质火焰玉珠。结构奇特，色彩绚丽。

玉皇阁是一座汉蒙文化巧妙结合的、具有元代特征的明代无梁阁，距今已有700多年历史了。

院内建筑呈中、左、右3路分布格局，中路为二进院落，从南至北依次为穿心殿、玉皇阁、三清殿；左路有六十甲子殿、八仙醉酒殿廊等；右路是重阳殿。寺院坐北朝南，在建筑上保留了宋元时期汉文化同蒙古文化融合的显著特征。

道观内最著名的文物有：汉白玉雕玉皇大帝、玄武大帝铜像、蒙古骑狮武士、八仙醉酒图、木雕、砖雕。

其中，有"三绝"属独有

攒尖式 攒尖式屋顶，没有正脊，只有垂脊。垂脊的多少根据实际建筑需要而定，一般双数居多，单数较少。例如：有三条脊的，有四条脊的，有六条脊的，有八条脊的，分别称为三角攒尖顶，四角攒尖顶，六角攒尖顶，八角攒尖。

■ 开封延庆观建筑

玉皇大帝塑像

奇观：

玉皇大帝：为明代观内原存文物，此佛像雕刻精细，有极高的文物价值。

蒙古骑狮武士：蒙古武士头戴尖顶卷边毡帽，脚穿筒靴，身穿皮毛衣服，纹路清晰，充分体现了汉蒙文化的结合。

玄武大帝铜像：为1486年铸造，铜像高1.96米，重1000千克。

开封古都内的延庆观景区面积达1500平方米，建筑保存基本完好。该观在我国道教史、建筑史、艺术史、民族关系史上均占有重要的地位。而且，它的存在也使开封地区自宋朝以来的古建筑保持了宋、元、明、清的完整序列。

阅读链接

全真道是我国道教后期的两大派别之一，也称全真派。金初创立。因创始人王重阳自题居庵为全真堂，凡入道者皆称全真道士而得名。

该派汲取儒、释部分思想，声称三教同流，主张三教合一。以《道德经》《般若波罗蜜多心经》《孝经》为主要经典，教人"孝谨纯一"和"正心诚意，少思寡欲"。

王重阳死后，他的弟子马钰等七人继续传道，创遇仙、南无、随山、龙门、嵛山、华山、清静七派，但教旨和修炼方式大致相似。